poet nr. 11

literaturmagazin

Herausgegeben von Andreas Heidtmann
Gedichtkommentare: Michael Braun, Michael Buselmeier
Redaktion Prosa: Katharina Bendixen
Redaktion Gespräche: Walter Fabian Schmid
Illustrationen: Miriam Zedelius

Impressum

Das Literaturmagazin *poet* erscheint halbjährlich. Alle Rechte liegen bei den Autoren bzw. den Verlagen. Auf postalischem Weg erfolgt keine Annahme unverlangter Manuskripte. Beiträge können als Anhang einer E-Mail an die Adresse des *poetenladens* (manuskripte@poetenladen.de) geschickt werden. In der Regel werden Einsendungen nicht kommentiert. Anfragen sind via E-Mail möglich (info@poetenladen.de).

Verlag: poetenladen, Blumenstraße 25, 04155 Leipzig, Germany
Redaktion: Andreas Heidtmann, Fechnerstraße 6, 04155 Leipzig
poet im Internet: www.poet-magazin.de
poetenladen im Internet: www.poetenladen.de
Der Verlag im Internet: www.poetenladen-der-verlag.de

Bestellungen des aktuellen Magazins sowie früherer *poet*-Ausgaben über den Buchhandel, beim *poetenladen* per E-Mail (shop@poetenladen.de) oder per Fax (0341 – 6407314) oder portofrei über den Internetshop des *poetenladens* (www.poetenladen-der-verlag.de/shop).

Illustration und Umschlaggestaltung: Miriam Zedelius
Druck: Pöge Druck, Leipzig

poet nr. 11
Literaturmagazin
Andreas Heidtmann (Hg.)
Leipzig: poetenladen Herbst 2011
ISBN 978-3-940691-27-9

Calwer Hermann-Hesse-Preis für Literaturzeitschriften

Gefördert durch die Kulturstiftung
des Freistaates Sachsen

Editorial

Zum elften Mal erscheint der *poet*. Was man sieht, trügt nicht: Es ist eine Jonglage, in der sich alles wie von selbst fügt. Lyrik und Prosa gehen einher mit kundigen Kommentaren zur Dichtung. Michael Braun und Michael Buselmeier sei Dank. Mit unverkennbarer Eigenart und feiner Komik hat Miriam Zedelius die Autoren porträtiert. Nicht nur das: Auch die Gespräche und Reportagen erfahren durch ihre Illustrationen eine Bereicherung – oder ironische Brechung.

Zwischen Wewelsfleth und München waren die *poet*-ReporterInnen unterwegs, um Literaturstätten zu besuchen. Ein bemerkenswertes und zugleich kontrastreiches Bild ist entstanden – von der legendären Wannsee-Villa des LCB bis zur Metal-Kneipe im Leipziger Industrieviertel Plagwitz. Allen hat das Mitwirken große Freude gemacht. Vielleicht sieht man es der Ausgabe an. Und sie mag noch eins belegen: Literaturzeitschriften sind – im Vergleich zur flimmernden Rastlosigkeit des Internets – ein ästhetisches Mehr.

Andreas Heidtmann, Herbst 2011

Gedichte

Uwe Kolbe: Kein Haus *13*
Franz Hodjak: Nahe am Niemandsland *18*
Christian Schloyer: bewusstsein der quallen *22*
Dirk von Petersdorff: Vor dem Einschlafen denkt sie *26*
Martina Weber: eben war alles noch da *28*
Manfred Enzensperger: befall *32*
Thilo Krause: Aus der Vorstadt *36*
Sascha Kokot: die Benennung einzelner Teile *40*
Tim Holland: über Nacht ist der Mond in Stücke gegangen *44*
Peggy Neidel: ein paradeflug *47*
Anne Dorn: In den Städten *50*
Felix Philipp Ingold: Leibhaftiger *54*
Theo Breuer: scheibenspäher · raffelsbrand *60*
Augusta Laar: er so ich *64*
Max Czollek: sommerloch *66*
Tina Ilse Maria Gintrowski: Allertagemorgen *68*
Jörg Bernig: sommerkontemplation *72*
Ulrich Koch: Blauer Montag *76*
Michael Speier: Die Einschiffung nach Kythera *80*

Gedichte, kommentiert

Michael Braun, Michael Buselmeier: Einführung *91*
Adolf Endler: Dies Sirren – Wem nützt das? *92*
Steffen Popp: Fenster zur Weltnacht – Müd wie Alpen *96*
Ulrich Koch: Dank – Unfromme Gebete *100*
Dirk von Petersdorff: Raucherecke – Ihr Edlen, ach *104*
Levin Westermann: wie ein fresko –
Die Akkumulation der Ferne *108*
Elisabeth Langgässer: Erster Adventssonntag – Gottespfeile *112*

KERSTIN PREIWUSS: einmal sind von anatomischen tischen –
Präludium zum Wiedergang *116*
HARALD HARTUNG: Die heiße Ofenplatte – Notrufe in Geheimschrift *120*
ULRIKE ALMUT SANDIG: diese sage geht ihren eigenen pfad –
Das streumende Gedicht *124*
NORBERT LANGE: Schlaflied – Wurzeln bis zur Hölle *128*
NADJA KÜCHENMEISTER: toter mann – Vitrinengerümpel *132*
CLEMENS EICH: Ten years after – Poor boy *136*
MICHAEL SPEIER: joggen im vondelpark – Grachtenglimmer *140*
VOLKER SIELAFF: Die Dinge – Beiläufige Mitteilungen *144*

GESCHICHTEN

MARKUS ORTHS: Erich, Erich *151*
LISA VERA SCHWABE: Meine kleinen Tiere trippeln *157*
MARC OLIVER RÜHLE: Borgward Isabella *161*
HEIKE GEISSLER: Sorgen, Sorgen, nur nicht heute *169*
CAROLA GRUBER: Mit Bibo, Grobi und Kermit um einen Schweizer See *179*
MICHAEL STAVARIČ: Ein Bestiarium *185*
JAN SNELA: Die Miriam *191*

GESPRÄCHE

Einführung: Literatur und Zeit *198*

MICHAEL STAVARIČ im Gespräch mit Roland Steiner *200*
Zeiten als Kulissen

MARKUS ORTHS im Gespräch mit Marie T. Martin *208*
Heute minus zwanzig Seiten geschrieben!

KURT DRAWERT im Gespräch mit Walter Fabian Schmid *216*
Es gibt keine geschichtslose Zeit

KATHRIN RÖGGLA im Gespräch mit Johanna Hemkentokrax *232*
Eine rasante Taktung, die den Ton angibt

HENNING AHRENS im Gespräch mit Mario Osterland *238*
Die Uhren ticken auf dem Land nicht anders

MARTINA HEFTER im Gespräch mit Jan Kuhlbrodt *244*
... dass ich gern Prozesse betrachte

REPORTAGEN

Literaturstätten

RÄUME FÜR EIN KATZENLEBEN *252*
Katharina Bendixen: Von Wewelsfleth über Schöppingen nach Berlin

DEN REICHTUM DER DICHTUNG ANREICHERN *264*
Walter Fabian Schmid: Das Lyrik Kabinett

DER EINFACHSTE ÖFFENTLICHE RAUM *274*
Johanna Hemkentokrax: Literarische Cafés und Kneipen

AUTOREN *290*

Gedichte

UWE KOLBE

Kein Haus

Wenn aber kein Haus mein eigen,
ich zu den Verzerrten gehöre,

denen nicht Not, aber ungerecht
Zorn galt, der älter war, zu alt,

dass, die ihn ausschrien gegen sie,
auch gegen sich schrien, sich selbst

nicht hörten, ach die – Eltern?

Aber kein Haus, denn es fügte sich
nicht, als ich aufbrach, mein Schweigen

trieb immer, jagte, siegte, und keine,
auch du nicht, fein Tändlerin, du nicht,

Sonnenuntergängerin, aber keine,
die Kraftvollen ließen mich ziehen,

den, der nicht bauen konnte, blind
seine Hände, sieh wie sie baumeln.

Wir, die wir bleiben, kennen uns gut,
tanzen vereinzelt den Reigen zu Ende,

wohl wissend, uns zieht die kältere See.

Dort werden wir Ausschau halten,
bis uns das Blau in den Adern gefriert.

Rilke-Entwurf

Wahnsinniger, schrecklicher Engel,
in seinem Grand-Guignol Strippen ziehend,
Blut ausgießend im Raum des Vermutens,
gnadenloser Erzschelm vor allen,
wen rufen wir an, wo wenden denn wir uns hin?
Er hat es mit allen, mit allen getan,
auf ihnen sich aufgerichtet, gereckt,
Schultern der Großen, der Größten
von Marmor, von Elfenbein, Söhne
und Töchter des Menschen, der Götter
trugen ihn, seine Leier, sein Eselsfell,
sein Mal auf der Stirn, diesen vom Kreuz
herunter dozierenden Narren
mit dem Splitter im Fuß.

Kleine Spätsommerabendrechnung

Halt dich daran,
zähle den letzten Entenschrei
zu dem Vereinzeln der Dohlen,
den auf der Brücke anfahrenden Bus
zum Flüstern des Liebespaars,
die Dämmerung zu den Reflexen
des Lampenlichts auf dem Fluss,
quittiere einfach die Summe,
dein Aufgewühltsein, dein Bangen
lass weg.

Das Handbuch

Abgewandt war ich, wusste es nicht,
falsch herum stand ich, sank und verging,
schrieb aber ein in das Handbuch,
was diese Hand immer wusste,
während ich selbst falsch herum lief,
schwebte, zu leicht war, von Anfang
befürchtend, auf Türmen das Kind schon,
aber dem glaubten sie nicht. Das Buch
ist nicht halb gefüllt, nicht viel
sagen die schon beschriebenen Seiten,
bloß Springen und Raserei oder Grau.
Ich weiß um das Land im Rücken,
das unerforscht bleibt, das hungert.
Aber das Kind hat gelogen,
und niemand hört ihm mehr zu.
Der jung gebliebene Spiegel
zeigt eine singende Straße,
und ich dreh mich nicht um.

Das Brot

Die Toten, dachte ich einmal,
die werden wohl eine gemeinsame Sprache haben
und brechen sie so, wie wir Lebenden Brot.
Aber, entgegnete ich mir, dann wäre ihre Welt
der Spiegel unserer vor jenem Turmbau,
die Schöpfung ein Fortsetzungsroman.
Die Toten, dachte ich lieber,
bedürfen der Sprache nicht.

FRANZ HODJAK

Nahe am Niemandsland

Vom Marktflecken hinaus die Straße, welchem
Gedanken folgt sie, der sich bedeckt hält

von letztem Schnee? Was füllt diesen Raum
zwischen Vorsatz und Gelassenheit? Der

Bahnhof ist längst kein Ziel mehr, er führt
auch zu keinem, und der letzte Glasbläser steht

im Museum, die Einsamkeit hat ihn geformt
aus Wachs. Ungeduldig, laut ertönt der Klingelbeutel

der Jungspechte. Nur wer sich selbst sucht, verirrt
sich hierher, wo gleichermaßen Vertrautheit

und Fremdheit die Regie abgeben. An wen oder
was? Diesig der Himmel, trüb, wie mißtrauische Augen

hinter Zäunen, Gardinen. Das Mohr, leise glucksend,
konserviert seine Leichen mit akribischer Sorgfalt, mit

Respekt. Es bewahrt Charakter. Sprenggetöse, das
zurückruft aus der Ewigkeit. Ist das Freiheit, wenn

man gesehen hat und geht? Weiterhelfen
kann jetzt nur Sprache, wenn sie es kann.

Unaufdringliche Spuren
Hubertus Giebe

Das Glück des Spätgeborenen, irgendwie
ist es zu erkennen in den Farben. Verschont,
doch nicht ohne Anteilnahme an Schutt
und Asche, in die er zuweilen den Pinsel
taucht. In weitem Bogen holt er von der Sonne
das Rot, in dem Liebe und Einsamkeit eng
beieinander liegen. Unaufdringliche Spuren
einer leicht großzügigen Hand, welche
die Welt auch von hinten zeigt. Zug
um Zug kommt uns etwas entgegen, das
wir bloß ahnen, aber brauchen zum Leben.

Hypothetisch

Weshalb
noch etwas anderes,
das kommen sollte nach diesem
vergeblichen irdischen Geschubse
und Geschiebe, etwa
das Angebot eines Schlüssels
für ein paradiesisches Schrebergärtchen,
in bester Lage,
wo die Schöpfung sich wiederholte,
diesmal
mit glücklichem Ausgang, der ewig
währte? Ewig währt
bloß unser Tagwerk, die Hinterlassenschaft
von Rauchverbot, Urlaubsfotos,
Parlamenten, Dosenpfand, flötenden
Putti, und, zurecht, gehen wir
unzufrieden dahin, im Glauben,
eine zweite Chance verdient
zu haben, zumindest
als Kranich wieder aufzutauchen,
als Schildkröte, Gazelle, Delfin
oder Puma, doch selbst jedes Tier
wehrte sich seiner Haut, in die wir,
mir nichts, dir nichts,
schlüpfen wollten.

Abdrucke

Ein Schwarm von Staren hängend am Himmel
wie ein schwarzer, ratloser Balkon. Sitzt
dort oben wer? Den Augenblick der Ungewißheit

nehme ich mit, folgend der Spur des Schnees,
der sich zurückzieht in letzte Verstecke. Das
erinnert an Worte, die ich spiegelverkehrt

setzte, damit sie nicht beschlagnahmt werden. Das
erschöpfte die Sprache. Lange ist es her. Am Wegrand
Schilder, Drahtrollen, ein Betriebsgelände, das verrottet

wie die albernen Schwüre, die wir ablegten. Weißt du
noch? Und die Unendlichkeit ist ebenfalls nicht
mehr das, was sie war.

CHRISTIAN SCHLOYER

*immerhin ist es bisher niemandem gelungen das planetare
bewusstsein der quallen zu durchdringen geschweige denn
anzugreifen*

die atmosphäre besteht in abhängigkeit zur aktivität der über

druckventile eines
militärischen zuchtprogramms von regel

mäßig dampf an die planetenoberfläche abgebenden
spezies – was man nicht bedachte, auf

grund von gezeitenwirkung temperaturdif-
ferenz + tektonischer verwerfung *mas-*

sensterben seitdem dauerhafter
panikzustand im leitungskollektiv die spürbare

präsenz eines weltumspannenden zornigen aber oh!
-nmächtigen geistes

die volieren sind leer

doch wärs zu früh von einem zoo
unglück zu reden von einem *die tiger sind los*

im überwachungsstaat & doch nimmt etwas
überhand & kommt so langsam

auf mich zu so wahllos als wärs schon
immer da gewesen

    phantomschmerz · lautlos noch
        hinter den monitoren · lauert
            der zwilling · steuert den

schleichenden zugriff gebundener
hände ich hätte
von glück reden sollen

an den pulten sitzen männer & mischen die schatten

seitdem läuft alles auf notstrom
auch der wind *seitdem die erdrotation aus-*

    läuft · über die aggregate
        fällt · die wachstumskurve aus dem

            wind · wird nachts an-
geworfen & nach dem herunter-

    fallen · die wachstumskurven schlagen
        aus · *dem diagramm fah-*

ren seit dem re-
boot der letzten sonne windet sich etwas

    zwischen uns · gibt es keinen applaus mehr
        für die ingenieure · ändern sich wieder die zeiten

die fahrenden durch die luft fahrenden händler

mama wir haben ein boot
    in unserem garten · ahme ich den melancholischen gang

von marionettenpuppen nach, es war einmal
    dreistöckig blau + sorgfältig lackiert · *hat es unsere palme um*

gelegt als wärs von langer hand geplant –
    die überlebenden an bord · legen noch letzte

hand an, *unter uns* (die meldung aus yangon) *keine verluste*
    vorerst · *keine seuchengefahr*

Christian Schloyer

Dirk von Petersdorff

Vor dem Einschlafen denkt sie

Der Mann ist Urzeit und Moderne,
ist Rückenansicht, Motorsäge –
erfolgreich, will ich, in der Ferne,
wenn er nur redend bei mir läge.

Rasiert und dabei unrasiert
ergibt die einfühlsame Härte,
ein Zittern – irgendwann zu viert? –
Gedanken treib ich mit der Gerte,

doch will ich keineswegs forcieren,
genügt es, dass er mich begehrt? –
ich muss ihn nebenbei studieren:
Er reinigt routiniert den Herd.

Denn Liebe, ja, ist ein Entschluss,
beendet Warten-Denken-Schauen –
nur bald, ein ganz normaler Kuss,
da überkommt mich das Vertrauen,

in meiner stillen, kleinen Wohnung,
»die Arme und die Beine schwer«,
sag ich mir vor und denk: Belohnung,
er fliegt nach Hongkong, flög er her.

Röhrenhosendandy

Schon wieder ausgestellt dein Handy,
bist du für Wolken nur erreichbar,
mein lieber Röhrenhosendandy,
der an den Schläfen gerne bleich war.

Wir saßen nachts auf Spielplatzpferden –
Paris, die kühlen Marmorsteine,
und wollten so begraben werden:
Jim Morrison und Heinrich Heine.

Du bist als Lehrer aufgewacht
und führst die Kinder ab ins Leben –
die Fee, die unser Los gemacht,
hat lächelnd Daten eingegeben.

So habe ich ein gelbes Haus,
dafür vergaß die Fee den Willen,
ich will – will nicht – ich will – will nicht
und füll mit Sand Terrassenrillen.

Das sind die Touren ohne Planung,
und zwischendurch wird ausgelost,
dein helles Murmeln: »Keine Ahnung«,
was früher Spiel ist jetzt ein Trost.

Martina Weber

eben war alles noch da, ohne grammatik,
ohne die standards der disziplinierung. kältepunkte
breiten sich aus. geschwärzte stellen, dann treibgut.
die verben im aktiv verloren gegangen, hier, im zerriebenen licht.

da ist nicht mehr das sofa, wie du es von früher kanntest.
gedächtnispfade, verschaltungsmuster konfigurieren sich neu,
nervenstränge, synapsen. ein satz
ist ein schallereignis. *sie wiederholen nur,*

was sie verstanden haben. jetzt heißt es:
auswendig leben. das sind die grenzen der matrix,
vom auktorialen standpunkt aus. du bewegst dich
zögerlich, auf fast amphibische art, dein kopf

eine zelle in einer namenlosen stadt. es gibt so vieles
zu lassen. schlaf in der stimme, eine handvoll ist genug.
auf der anderen seite, draußen, beginnt der frühling
oder der herbst, gleich neben den gleisen.

im prinzip war es zufall. eigentlich wollte ich es behalten,
aber die klebezettel drängelten hinter der tür, personennamen
unterstreiche ich immer grün, wie das licht dieses sommers,
an den ich ab und zu denke, ein versuch
einer sinnkonstruktion, eine art schadensbegrenzung.

ich fasse zusammen: alles war unverbunden,
die träume, unsere wut hatte noch keine richtung gefunden,
einen verwertungszusammenhang schon gar nicht.
energiefelder: ja, aber bedenklich nach innen gerichtet,
gegeneinander, ungeborgen. nannten wir es gespräch?

doch mit der körperspannung ändert sich die haltung.
passanten wichen uns plötzlich aus, ein rollenwechsel.
es kommt darauf an, kontrolle über visionen zu haben,
mehr davon später. ein persönlicher nachtrag:
lieber matthias [name geändert] das verdanke ich alles dir.

definition eines anfangs: auszublenden das ende.
ein gezeichneter kreis, drumherum kiesel platziert:
personen in der reihenfolge ihrer bedeutung.

im selbstversuch aufhören mit denken, dennoch weiter zu atmen.
zum beispiel das gegengewicht einer melodie,
die ins leere läuft. wie schneeflocken irgendwann landen.
ein bild das ohne hintergrund

wie wir die treppe hinunter stiegen, an diesem nachmittag.
these: durch schweigen geheimnisvoll erscheinen.
genthese: weiter sprechen, damit du nicht wegläufst.

der zauber der graffitis, sagtest du,
ist ihre verlässliche leere, **eine art island.**
heißt: auf einem lichtstrahl liegen und lauschen.
sich nicht fangen zu lassen. ein tagtraum, vinyl.
mein lieblingscover: ein herausgerissenes gitter
schwebend im weltraum. das war unser freilandversuch

ein schwieriges feld, schritte
wie flügelschläge, wie dahin gesprochen
nur halb

in den augenwinkeln möglichkeiten des daseins,
am himmel ein streifen dekor. spätere deutung:
waren nur aus den wolken gefallene fäden aus irrlicht,
die nerven, sagtest du, immer im scharlach.
und meine aura lag hinter dem meer
von fahrradgerippen, angerissen im gras.

Manfred Enzensperger

befall (1)

liebe gemeinde liebe dachschädler
liebe daseinspapageien seiteneinsteiger
und synchronsprecher am zaun
liebe straßenillusionisten freunde der geldliteratur
und alle an der schöpfungshöhe beteiligten
vor und hinter den aufzügen
liebe halbweisenrentner märchenkartenbesitzer
und seegler unter den brücken
liebes senioritaheim vor dem eisberg
liebes wimpernkind

befall (2)

was er auch noch erwähnen wollte waren
diese agendatrüffel diese wandsafeabdeckungen bekannter
und unbekannter seminarvertreter diese kernlernpläne
fingerspitzenmails und schlafsiedlungen
diese selbstlernzentren und maschinendenkwürdigkeiten
der quer und seiteneinsteiger diese verlausten seelen
oberer und unterer direktoren diese richtige
mischung aus rückenwind und glanzpostkarten
diese schneidezähne in immerwährenden freiluftsuppenküchen
dieses kraftfahrende kunstheimweh diese physik auf allen vieren
und nicht minder das eingesammelte geld
der servierkraft nach westen diese bildung für wie viele alle
dieses zeug von zeug dieses rialto lupo der markenkleidungskinder
dieses in die luft gebaute heavy metal ist doch
was er auch noch erwähnen wollte

schönster morgen

o schaukelstuhl o feuilleton der zeit
mit deinem namen wohne ich
am schlagbaum vierzehn
harter bleistift stilles brot
kompost im garten
manchmal das wort hühnernells
die gebohnerte treppe hinab
wo ist das unruhige bügeleisen
hat der hund wasser
nach kater joe frag ich nie
im neun neun sieben werd ich
achtundfünfzig
leichte reife am glasrand
über nacht flinke flasche
lilien im bauch was wäre wenn
wir rückwärts schliefen

victoria park plaza

das neue jahr im morgenrock
eines singenden champagnerschrotthaufens

frühstückssommersprossen
idiotische dose
es schneit im inneren von waggons

später dann der neue flügel im new wing
der retro lila deckenlüster sich paarend
mit der hockerdame der kältegott

die nacht und steht
ein schwan klappert in den grachten

THILO KRAUSE

Aus der Vorstadt

Hilfsarbeiter hauen das letzte Gras
umkurven Pappelgestrüpp
mit stotternden Maschinen.

Müll glänzt auf den Wiesen am Bach
von den Messern, den Rechen zu Tage gefördert
die Dinge und ihr Geschwätz.

Vorstadtklagen, nichtiges Lamento von uns hier draußen
die wir von Sprache zu Sprache wechseln
nicht wie das Wasser sich teilt

am Brückenpfosten und wieder zusammenströmt
stockend wie das rotierende Messer,
wenn es einen Moment lang einen Ast erwischt.

Wieder zu leuchten

Mohn siedelte auf der Terrasse
kroch aus den Ritzen, blühte
bis der Regen ihn rupfte.
Wir trugen die Blättchen
an nackten Füßen ins Haus
fanden sie im Bett, vor Schränken, Regalen
als wuchsen und welkten die Dinge selbst.
Kapsel um Kapsel zerborsten.
Trotzige Körnchen Schwarz.
Wir bliesen sie zurück in die Ritzen
und ließen sie da unten:
dunkle Sonnen mit der Kraft
aus dem Vergessen wieder zu leuchten.

Laub

Das hebe ich nicht auf. Das bleibt sich gleich
wenn ich vors Haus gehe schnellen Schritts
als sei noch etwas unerledigt. Ohne Stimme
kehre ich zurück. Schneide Äpfel, schaue auf die Straße.
Nicht eine Zeile holt mich ein. Keine Zeitung.
Keine Briefe. Ich sitze und vermerke diesen Tag.
Im Winkel zwischen den Garagen
das dürre Häufchen Laub.

Wo ich bin?

Mit meiner Tochter im Park.
Um uns wölbt sich der Abend.
Sie, unter den Bäumen döst,
die Augen halboffen, lächelt,
wenn ich ihr ins Blickfeld gerate,
mich füge zwischen Wachsein und Traum.
Wieder ein Schauer und ich ziehe
die Plane über den Wagen.
Hier ruhen wir aus
im schmucklosen Innern des Regens.

Sascha Kokot

in den ersten Tagen blieb der Schnee aus
die Rollbahnen grau ins Land geschnitten
half uns nur das Distanzrauschen
über die Sprache hinweg
ein toter Leib mehr zurückgelassen
ohne Lust auf Beute ziehen wir weiter
tiefe Spuren in Richtung Forst zeugen von
schweren Maschinen anfällig und starr
schwelen sie fremd in dieser Witterung
die Wüstung von einer feinen Schicht bedeckt
eine Benennung einzelner Teile will uns nicht gelingen
auch wissen wir mit unseren Mäulern nichts mehr anzufangen
wir kennen nur diese Verlassenheit
als das weite Feld auf der anderen Seite
das Licht stumm ablöscht

dass die Tiere nun fehlen lässt uns nicht ruhig im Wald
wir warten auf das brechende Gehölz die angefressenen Zweige
drehen uns immer wieder um setzen das Atmen kurz aus
bevor wir das Gespräch leise fortführen
uns an den markierten Bäumen orientieren
wir finden uns schnell zurecht
auch wenn sich die Sicht beständig wandelt
wir angehalten wurden
vor Nachteinbruch auf die Straße zurückzukehren
die Körper geben zu wenig Wärme ab
um hier gefunden zu werden
es wurde begonnen jede Lichtung jeden Weg auszuschildern
so wächst vor unseren Augen ein neuer Bestand
der sich konzentrisch um uns schließt

hier ist Einer der davon gekommen ist
wenn sie vor dem Tor wüten
fortwährend dagegen schlagen
sich einen Zugang brechen
die letzte Viehsperre überwinden
ausschlachten was sie vorfinden
sie fahnden nach dem was zurückblieb
vergraben und überwachsen wurde
nicht mehr auf den Listen zu finden ist
blindes Gebiet als Hinterlassenschaft
niemand kümmert sich um die Knochen
im Keller die spielenden Kinder
die letzten Zeilen in den Akten
sie können nicht mehr eingesehen werden
nach dem Tod reißt die Spur ab zu dem
was wir zum Abschied sagen sollten

ist das letzte Holz vom Hof geholt
die Grube trockengelegt
sind die Ställe beräumt
liegt kein Schrott mehr im Trog
der alte Plunder zerhackt auf der Weide
flüchtiger Diesel zwischen den Leisten
muss das ranzige Stroh unterm Dach
im richtigen Moment ins Feuer geworfen
die Pferde auf den Anhänger getrieben
der Koppelstrom abgestellt werden
spricht nur noch das Hakenkreuzrelief im Schlussstein
die kyrillische Schrift unter der Tapete
der geborstene Heizkessel im Keller
kaum hörbar die Kammern der Eheleute

Tim Holland

über Nacht
ist der Mond in Stücke gegangen

es ist dieser　　　Weißglut　　　　Flugsamen, der
Schnee, der am　 kristallin die　　 trifft er auf Grund
Morgen im　　　 Sonnenstrahlen　 vergeht als wäre
Schatten fällt　　　　　　　　　　 Wurzeln zwecklos

                            nur müde Knollen
sind aus der Erde zu sammeln. Nichts wächst in diesen
Tagen wie der Farn

             in der Luft gelöst liegen noch die
Bilder: leere Regale; bewegt, Münder hinter Atemmasken
das ist der Anfang

                    *

mit einem letzten Blinken verabschiedeten sich die
Satelliten
         dann flogen sie auf. Wir verloren jedes Bild
voneinander
        unter den Sternen wurde es still

in der Abwesenheit von Objekten fanden sich Subjekte
wieder

       an mir kam ein Milchmädchen auf. Für mein
berechnendes Schweigen verlangte sie viel. Das Milch

mädchen wusste, wo im Dunklen die Nacht lag. Ihre
unappetitlich sauberen Hände leuchteten
         ich wachte, ich
schlief auf Raten in diesen Tagen wollte man sich
aufmachen, ich wollte mich aufmachen, wohin

           nahend

bevor sie nur noch Detail war
blendete ich ab, schloß ich das Zwinkern war der
ein Kamerauge. Auf der   Verrat meiner zoomenden
Hand lag bebend dieser   rechten Linse. Sichtbar
Konjunktiv   war das mit Sicherheit zu
  oder anders: Benennende: eine Motte
willst du mit mir gehen   angezogen von der Wärme
           des zu erwartenden
           Vorgangs, setzte sich auf
           die zarte Faust eines
           Farnes.
            Bei Raffung der
           Darstellung konnte man
           das Entrollen der Finger
           sehen, das taube Greifen

    die Motte
      fort

           Wut, hörte
man einander in diesen Tagen sagen, ist eine gerechte
Emotion

  man sagt, eine Station im Mittleren Westen soll
das letzte Bild empfangen haben. Es soll schlimmer
werden

Tim Holland

*

zuletzt flackerten die Sterne, bevor das Licht keinen Weg mehr fand

      oben hat man die fünfte Wand installiert: ein Spiegel, des Meeres vielleicht, eine langsame Intelligenz

ab dem Horizont ist nichts mehr mit Bestimmtheit zu sagen. Die Bereitschaft für einen neuen Glauben steigt

schulterbreit ist im Boden zu stehen, die alten Verbindungen wieder herzustellen

          und am Abend öffnet sich der Himmel, sanft und leer

          über die Sonne will ich im Übrigen nichts gesagt haben. Die Tage sind hell

Peggy Neidel

ein paradeflug

dein körper
wirft sich ab

entlässt sich &
hinterlässt

eine destabilisierung
oder auch demaskerade

das wolltest du nie
deine augen suchen

den mittelpunkt
doch der hat sich

ganz einfach
mit einer pirouette

verabschiedet

ich & ich
wir machen
einen brücken

lauf & einer
gönnt dem andern
nicht das ziel wir

schlagen uns
die füße ab die
augen aus & niemand

überlebt nun bleibt kein
ich & keins ersehnt das
andre selbst die nachbarn

tragen keine trauer

häuser suchen mit den lichtern einer stadt
nach dem gesicht das du vergessen hast

zu tragen es dir umzugürten fest & plan ganz
sicher über mund und nase zu fixieren doch

vage schon vom treibgut das den boden teilt
hast du für dich befunden dass ein wangen

knochen schöner sei wenn er sich leichter
biegen lässt ein formelastisch neuer aufprallschutz

Peggy Neidel

ANNE DORN

In den Städten

Manchmal fahren leere Busse –
nur die Möglichkeit
daß wer darin sitzen könnte –
an meinem Fenster vorbei.
Manchmal sehe ich Straßenbahnen.
die nur dem Schaffner gehören:
Hell beleuchtete, leere Sitze
steuert er durch bewohnte Viertel.
Manchmal sehe ich Menschen still stehen
und schweigen.
Mitten unter den Menschen stehe ich selbst.
schlage die Augen nieder:
Unter uns liegt
die versteinte Erde.

vielleicht

wäre es so, daß ich an einem
ruhig fliessenden Wasser säße,
am Abend, in der vom Erdboden
gespeicherten Wärme des Tages,
und der Fluß glänzte golden
von der untergehenden Sonne
oder schon silbern
vom Mond ...
und wäre gehalten
von in der Dunkelheit
rund gewordenen Büschen,
deren Beharren er spiegelt.
Dann wäre da auch ein Baum
in dessen Wipfel
Vögel ruhten,
während ich mich an seinen Stamm
anlehne.
Mir zugewandt wäre da noch
ein anderer Mensch,
der mir zuhört
und mich anschaut.
Er sollte von mir nicht verlangen,
daß ich Wahrheiten finde –
ich erfinde so gern!

Am heißen Tag

Gleich neben dem Bienenhaus,
wo du und die anderen
die dicken Äste der Büsche
niedergewippt
und den Sitzplatz erfunden haben,
im löchrigen Schatten des Laubwerks
mit dem Vokabelheft in der Hand
und sicher, daß die Mutter im Haus
unruhig auf- und abgeht,
du sollst ja, du sollst, du sollst –
aber sie hat dich, dem Vater gehorchend,
zur Schule geschickt, in die Fremde!
Französisch, die fremde Sprache –
kein Laut deinem Ohr vertraut.
Starrend also, im Mittagsdämmer
und im Geruch alter Peinlichkeit
(denn wie oft hattest du beim Versteckspiel
rasch die Hosen hier runter,
ehe sie suchen und finden konnten.)
Und alle die dumpfen Spiele:
Die Blätter des Sauerampfers
zusammengerollt zum Kegel,
im Glas mit dem Brunnenwasser
versinken lassen, und dann
hineingebissen,
schlecken, goûter, avoir bon goût –
Plötzlich vor dir die Raupe,
wie sie an einem Faden
herunterbaumelt,

sich windet, bis sie den
selbst gesponnenen endlich
im Maul hat, sich daran hochfrißt
bis zu der kleinen, lackbraunen Stelle,
dem Angelpunkt ihrer Zukunft.
Und nun: Faden auswürgen,
das Glänzende bauen, erfinden,
ein Haus – darin ein beflügeltes Wesen!
Spinnen, baumeln,
sich wenden –
du verschlingst,
es verschlingt dich –
Immer wieder am heißen Mittag
Verpuppung,
schmerzensreich kopfüber hinab
in tiefe Fremde –

je suis, tu es? nous sommes ...

Felix Philipp Ingold

Leibhaftiger

1

Verbrauchte Atemluft auch dies. Ein Hauch
und aus. Sprechblase
für den Fluch der alle Namen fasst. Und
fußt auf nichts. Hat
etwa gleich viel vom Atem wie vom Kristall.

2

Von überall das Licht wie's einfällt
als wär's 'ne Idee und
täte lautlos Luken auf – hin zu den Farben.
Das alles aber ohne Grund. Denn zumindest zu Beginn sieht alles noch perfekt aus. Jesses grosszügiges Singleappartment; Champagner, Kerzen, CD-Turm. Karminrote Wände und ein flauschiger Teppich unter der Sitzgarnitur geben atmosphärisch den Ton vor. Die Intonation sozusagen. Schon im folgenden Akt dann die Ernüchterung. Susannes schlichtes Zimmer mit den geblümten Tapeten, dekoriert (oder einfach ausgestattet?) mit Stofftieren aller Art und zu jedem Zweck. Ein Krankenzimmer eigentlich, wo jede Sehnsucht keine Chance hat. Was dort als Tanz begann, hier wird es enden als Kampf. Als Kampf nicht nur ums Überleben. Als Kampf um Leben oder Tod; und aber der wird mit keiner Überraschung enden, mit keinem Sieg.

3

Kein Zufall – was denn sonst – wenn für einmal
der Glanz vor dem Klang und
der Sinn vor dem Wunsch kommt. Ein Wust
der ziemlich rasch herunterbrennt
bis auf die Dornen. Bis auf den herrenlosen Zorn
der ein Weilchen weiterdämmert
eh er – Ruach! – verfliegt und nur noch bedeutet.

4

Liegt denn aber am großen Ganzen soviel
dass ... Liegt denn soviel
am gewaltigen Gast der doch lange vorm Klopfen
schon da ist. Der immer schon da ist
in strikter Befehlsform. »Es werde!« heißt nichts
anderes als *was schon da ist
muss es erst noch geben.* Oder noch ein Vergleich.
Vielleicht der! – dass das Wort
vor dem Ohr kommt. Wie die Axt vor dem Ast.

Felix Philipp Ingold

5

Denn davon
dass etwas wie »ich« oder »man« hätte
geboren werden wollen
kann keine Rede sein. Sagen wir's anders. Fragen wir: Was ist
Wirklichkeit? Was ist Simulation, Nachahmung, Phantasieprodukt?
Was ist wahr, authentisch, was hat – wo und wieso! – seine
Richtigkeit? Und wie verhält sich meine Erinnerung zu meiner
Einbildungskraft? Zu meinen Träumen? Oder aber umgekehrt! Denn
nichts ist keine Kopie und also braucht auch kein Original noch
Schutz. Abgerechnet wird die Anzahl der Kopien. Das alte Wahre steht
auf keinem andern Blatt.
Und was »es gibt«
gibt im allgemeinen so wenig zu denken wie
das Klopfen das hinter dem Gast her ist und das irgendwann
(wenn nicht jetzt!) an der zuen Tür
aufschlägt. Zu. En-de.

6

Geduld – wie Glück – ist Erschöpfung. Immer
so als hätte einer allein (»er«
oder »du«) den ganzen Schnee begraben. Doch
weder dir noch ihm ist die Uhr
als Spiegel vorzuhalten. Denn eine Ewigkeit (oder
auch bloß die Langeweile danach)
hat keine Zeit. Kein Und-so-fort. Kein Oder-so-ähnlich.

Beide – Uhr wie Ewigkeit – stehn
einzeln für den runden Würfel. Gemeinsam
fürs Unentschieden zwischen
Beil und Leib. Wird dieser auch wirklich geboren
so bleibt er doch bloß
– wie Figura es anzeigt – geborgt bis zum Morgen.
(Was allerdings der Schatten
zu beklagen hätte
der an seiner Stelle heißt und gilt.)

Theo Breuer

                Sei gefühllos!
           Johann Wolfgang Goethe · Dritte Ode

draußen die ringelblumen

drinnen das brausausen das schwindeln
geneigte geschöpfe · gleichmütig · gelassen – nicht

schwer, langweilig ist mir mein zeit
und neuerlich fieses schwindsaubrauseln

ist das die *hälfte* ich lebe taumle – schwe – – –
baumle

ich träuschäume · bäume
mich auf · denke wörter wie <u>wunder</u>bar

(c. fallenstein aus wien) —
draußen die ringelblumen

im nebel das gras das gras
und die tropfen die

tropfen

All those rocks with lines and scars and letters
James Joyce · *Ulysses*

jetzt · drei tage nach raffelsbrand

gedankenverasteter rotbuchenwaldbaum fast fünfhundert meter über normalnull weißt du wie viel menschlein gestern allein in syrien die feine forderung nach freiheit mal eben mit dem leben bezahlen ist noch nicht klar von bis zu neunzig tot qualreiche sehr übel verletzt ist die rede wahr aber ist das assadregime läßt jedwede proteste zackbrutal zusammenschießen auf der heiterfahrt durch schnellgrünes dürener land an kreuzau vossenack zweifall vorbei ziel rast im hürtgenwald eine art waffenplanet mein fund ein schrundiger mehr als siebenpfundiger quarzitvennwacken knallhart gebacken unter achtneuntausend metern totenbruchschwerschlammlast vor fünfhundert millionen jahren zwar eine weile her doch keine bei den haaren herbeigezogne gschicht bald dann kaum dreizehn kilometer weiter der doppelgeile biberbaudamm zahnart vollgut angestaut im keineswegs astreinen blensbachverlauf ༄

scheibenspäher

herbstlicht ja
aber von wegen *tal der falken*
(wie man · am 11.10.2010 · im lyrikkalender lesen kann)
eher schon: *blind date* und
weitab vom lärm der großen gegenwart – – –
da (*ein leiser herbstwind* · schuberts achte und –
was für klingende wörter man hier vor augen kriegt:
wespengelbe stoppeln · bienengeisterschar)
dada im regennassen gras
      mitten im braungelbgrünen *blätterrequiem*
        mit der blauschwarz gebänderten außenfahne
das   ist   der –
eichelhäher
über den wir dieser tage schwatzen
sprachen wir vom selben vogel?
(*wieviel / wir wissen von der welt / nur durch das richtige unglück*)
wo · wo ist denn der · · · *glücksfall* – da
    hinter der fetten henne
        hinter der zypressenwolfsmilch
           und jetzt und jetzt   zack
pickt er die walnuß auf und fliegt einfach davon – – –

komm herunter, rufen wir

> I have a mouse in the kitchen
> *Nicholson Baker · The Anthologist*

kraus

allen diesen immer wieder bösandersartigen *visagen des waldbodens* · dermaßen nahe zu kommen · denk ich · beim gang · beim blick · in die fallen von fiesen mienen · rinder auf wiesen · fraßen letztes gras · fliegenpilz ragt aus dem laub im graben · *herbstkräftig* · klar · der himmel · freundliche frauen pflücken · harte hagebutten · am horizont: rauch (nicht nebel) · *vogelklang* · menschenschar mit schäferhund · seh ich · uns entgegentraben · kanntest du keinen eben · fragt neben mir b. · und lacht · (schält eine nuß) · ich muß · verneinen · die kanntest du alle (als kinder) · zählt auch diverse namen auf · ein rascheln · ein reh – – – zuhaus · liegen · abgründiger schlaf (schwere lieder) · schwarzschwarzer tee · kriech · krauch · *du mußt nur die lichtung ändern*

[raus]

Augusta Laar

er so ich

er so. ich so so. er so
ich so so. er so so. ich so
er so so. ich nicht so aber
so er. so ich. so so

er. ich. er so. ich nicht
er so so. ich nicht so aber
er so so so. ich nicht so
aber nicht aber so. er so
ich aber. er so. ich aber so
jetzt so. so. soso. soso

er so. ich nicht so nicht aber
er so so so. ich so nicht so. aber so
so. er so. ich so so. er so
aber nicht so. so nicht
so. so. nicht so

rolling for Jesus

hallelujah, krächzt der taxifahrer im gelben Chevy fährt uns
ohne geld downtown Brooklyn am rücksitz pizza, bagels und co
feed the homeless schilder und jesusbilder erzählt von deutschen
filmemacherinnen die ihn cool finden oder
niedlich, im taxi sitzen mit kameras
und ahs und ohs, zeigt uns die fotos in magazinen mit victory zeichen
never a charge, always a blessing, Phil Frabosilo 1 718 388 4579, seid
glücklich, der herr ist überall, hallelujah

Max Czollek

sommerloch

die bahnen streiken
seit sieben tagen
einer das gesicht
zerknülltes papier
ruft *was wollen wir*
in die bahnhofshalle

dahinter gibt es lieder
einen klappstuhl für
den schweigenden sommer
der mittags mit halm
im mund am mehr
weg vorbeitapert

fremde überweisen
pünktlich das geld
wer verreisen will
sucht geschichten
dann lohnt sich der weg
zur bibliothek und zurück

treptower park

dann ist es november
man findet uns im stadtpark
pappbecher voll filterkaffee
im hut den wechsel der passanten

wir notieren die flüge der schwalben
in tabellen einfacher referenz
punkte am wegrand nach süden

ein regen verzögert den himmel

züge passieren die atmung
gedankenstriche für irgendetwas
dessen bedeutung wir bis auf weiteres
auf kalten bänke lagern

Tina Ilse Maria Gintrowski

ALLERTAGEMORGEN

auch wenn er noch so perfekt gezogen ist der scheitel muss jeden morgen neu angerichtet werden spülen des haarbergs durchforsten mit kamm und sortieren der fäden wir waschen stets die gleiche vorderfront die nase bleibt groß die poren verpfropft die augen verklebt wir reinigen und reinigen und reinigen die zähne wir glätten die achsel polieren den po es folgt das bekleiden: schlüpfern hemdeln hosen und schnüren wir etwa nicht späterhin noch den schuh ein bein folgt dem anderen und zwei hände wissen besser als gut ist was sie immer wieder tun

HÄUTE

wir könnten doch vielleicht auch wenns kein leichtes wär
deine und meine schutzhautleiche tief vergraben und
unsere eigenen eigentlichen leiber die schon viele
heldentode starben dadurch dann befreien von meiner
seite aus wär es mir atem angenehm ich fänds bequem

IN ECHT

nimm mich beim wort und zauder nicht woran du glaubst ist beinah unerheblich ach was sag ich überhaupt nicht wesentlich der zauber wirkt dem berg entgegen neben meinem fuß wächst stein und einmal ging wer reben ernten komm wir holen die buben ein in stuben voller wunderlicht in tuben gibt es leben nicht für dich in kernen in sternen beiß rein

DIE ENERGIE DER WIESEN

rot weiß grün weiß egal ob pommes oder softeis meine eltern sind für eine weile fernverreist das geld das bleibt spendier ich dir für billigbier oder wir kaufen davon milchreis die wiesenenergie schießt gerade mir ins knie so dass ich springen muss egal wir gehen ja eh zu fuß weil eben ohne uns fuhr dort der letzte bus wir meiden pünktlichkeit zu jeder zeit wir schwören darauf sogar beide eide denn wir sind so weit ein fetzen wolke zieht an meinem ohr und selbst das kommt mir komisch vor alles macht heute spaß ich glaub das liegt am gras komm wir klauen noch was

JÖRG BERNIG

sommerkontemplation

hitzeschwaden kostbar verdämmerte tage
im schatten der linden mit einem buch
kaum daß die luft geht und keine frage
kommt mit dem abend über die büsche und zu besuch

weltkriegsschutt brakteaten und bandkeramikerscherben
im boden liegt das im großen archiv
und spricht von unserer größe von unserm verderben
es wird – für wen? – dies alles gelagert das eine flach das andere tief

und die zeit läßt im glühenden sommer darüber sich treiben
als wüßte sie selbst nicht was nun und wohin
es gibt keinen grund in dieser sekunde zu bleiben
es gibt keinen grund woanders zu sein als da wo ich bin

beim zögern

wie war das? haben wir nicht eine stimme vernommen?
die sang aus ebenen oder von graten uns her
nun sind wir bis hierher gekommen
und weiter geht es nicht mehr

und doch ziehn wir durch die städte
fern oft von traum und überlieferung
als wenn keine und keiner ein herkunftsland hätte
manchmal scheint licht in uns auf und macht uns jung

herren der weiten

als wir noch ozeane erschufen
und spielend in den klippen hingen
als sich in unserem meeresrufen
die heraufbeschworenen stürme verfingen

da waren wir die herren der weiten
und wir bestimmten wohin sie sich streckten
wir setzten anfang und ende in gang der zeiten
die wir in unseren manteltaschen entdeckten

wir kümmerten uns nicht um die spötter
die korrekt sprachen und aufgeklärt sich betrugen
warum auch? wir waren doch götter
noch als sie kamen und uns erschlugen

vorbereitung

ach als der sommer begann wie standen wir groß vor dem unendlichen himmel
nun näht ihn mit raschen stichen die allerletzte nachhut der schwalben noch zu
dann ziehn sie davon trunken von zuglust im blick schon die Alpen das Mare nostrum

durch eine vergessene spalte im himmel fällt licht auf den schmetterlingsbaum
längst eingeholt ist dort die Spanische Flagge aber süß sind die späten blüten des efeus
großäugig und wie erschrocken schaut von da her ein Pfauenauge uns an

und wir bemühn uns um haltung wir wissen was kommt der letzte Admiral der erste
unter den gleichen nimmt ab die letzte parade dann taucht er im webfeinen u-boot davon
und wir treiben bald schon durch's eis und einer von uns schaut immer nach oben
um den tag nicht zu versäumen wenn die schwalben zurückkehrn die himmelsnähte zu trennen

Jörg Bernig

ULRICH KOCH

Blauer Montag

Man muß die Menschen lieben,
sagt Różewicz. Aber wo sind sie.

Ruhetag der Frisöre und Gasthöfe.

Während der Fernseher beschlägt
vom Wasserdampf der Kochsendung,

hinterläßt der Kleinwagen des Pflegedienstes
einen Ölfleck
in den Farben der Alten Meister.

Auf den Feldern suchen die Erntemaschinen
nach einem Schlafplatz. Unter der Plastikplane,

schwarz wie die Nacht, denkt der Rübenberg
über den Winter nach.

ICH WUSSTE GAR NICHT, DASS ICH MANCHMAL BETE.
Eine Katze und eine Alte verlangsamen dieses Gedicht,
in dem es zögerlich Tag wird. Sie hängt die Wäsche
ihres Sohnes ab, der seit Jahren nicht mehr schreibt.
Wolkenschatten tasten den Boden ab. Pferde kommen
ans Gatter getänzelt, doch geben nichts ab von ihrer Schönheit,
kein Wort. Vom Frühlicht verschneite Terrassen. Gras,
das fahrende Volk. Dem Nachrichtensprecher im Radio
stopfe ich den Mund mit einem Lappen, getränkt mit
Psalmen und Kerosin: Laß mich sein, wie ich bin. Vorher mach,
daß ich werde, was ich war, damit ich warten kann,
bis ich wiederkomme, mit denen, die ich verließ.

Neues Notizbuch

die Augen sind Zwillinge
kurz nacheinander zur Welt gebracht
geht einer glaubt man ihn noch eine Weile zu sehn

wer öffnet die Fenster in den Ortsnamen?
wer wiederholt den Lauf des Hasen über den Feldweg bei Zossen?
hätte ich eine andere Sprache, wäre meine Sprachlosigkeit vielleicht grau
ich sah aus dem Fenster des langsamer
werdenden Zuges

und mich nebenher mitlaufen
und dann noch kurz mein Gesicht am Fenster
des wieder Fahrt
aufnehmenden Zuges

zwischen Hagenow und Ludwigslust ein Mann
in seinem Garten
scheinschwanger vom Bier und Warten
auf nichts

Pappeln, berauscht vom Wind

ich blieb ruhig
las weiter im Brumaire
stummes Elsterngeschäcker
ein aufgegebener Bauhof vermüllt mit Material und Maschinen
der Zuckerbäckerstil zerbröckelnder Siedlungen
die Bonbonfarben von Tankstellen Leuchtspurmunition
Kühe auf den butterblumengeblümten Weiden wie Wolkenschatten
über Bachkieseln

zuhause bemerkte ich mein verlorenes Notizbuch
es scheint der Wirklichkeit
nicht zu fehlen
notierte ich ins neue

gäbe es Freunde
ihre Namen wären durchgestrichen

immer wenn ich das Wort ich
schrieb schliefen meine Hände ein zwei Blinde
die sich noch im Traum aneinanderklammerten
nachdem sie mich abgelegt hatten
zögernd in einem
langsamen Tanz

dieses Gedicht schreibt sich daher augenblicklich selbst
es geschieht
wie Licht
Liebe
freier Fall ich
geschehe nicht komme nur
vor

wer es vergißt
hat es auswendig gelernt

lauwarme Nacht
erschöpftes Papier
vom Mond bröckelndes Licht

morgen früh erwache ich kurz
nach mir

Michael Speier

Die Einschiffung nach Kythera

1

nur einen gönner
für diesen gewaltigen sommer –
an dessen ende wir stehn
um auf die see zu blicken
die lichte unruhe kräuselt
uns aber kränkt kein bewölktsein
(im sinne von »verrauscht«)
wir leben in ausgeleuchteten räumen
aus landschaft, die macchia polstert die hänge
rasen mit frischem fassonschnitt
die halme gezupft mit der zuckerzange
hier nun die frage was willst du betonen
wenn die terrassen unterm sternbild
des kleeblatts hindurchziehn
und unser leben sei wie wir es uns denken
einer sagt *human flourishing*
ein andrer *oxytocin* manche
liegen auf sofas hören musik
singen verstreute bücher papiere
jemand trinkt wein
bald aber müssen wir reisen
versorgt mit italienischen brocken die man uns
den hyperboräischen hunden hinwirft
während auf dem tisch der sprache
die silbernen löffel ruhn

2

kurz vor untergang des abendlands
(wer berechnet seine stille)
gefällt es den lagunen zu blauen als ob sie
zum himmel hinausstürzen wollten
was wir ignorieren wie sie uns ignorieren
in der farbe von zimt bauschen portieren
zu intervallen der sängerin
deren augen glänzen wie die auffällig edlen schuhe
der italienischen männer oder jener knutschfleck
am hals der ragazza die gerade den brief einwirft
am markt von capolíveri
während das verlorenene profil
eines soldatenkaiser
im gesicht des eisverkäufers erscheint
(sein *cioccolata* hat die cremige qualität
gewisser sätze d'annunzios)
in den augen der welt wären das alles beweise
für das was sie nicht sind
die wahrheit nämlich
in verschiedenen graden der prächtigkeit
für das desaströse am frieden

3

es geht ein regen nieder überm meer
gleich aber fliegen wieder die kellen
die malerin malt den quallenbiss
sie malt das grüne unterwasserlicht
quer durch die inselgeschichte
fischaugen malt sie, die nacht des red snapper
wird auf den teller gemalt und nicht gemalt
das malen selbst
wer malt wandernde berge ihr wandern
in serpentinen, das mittags-geflecht
aus rauschen und fiepen, flirren und zirpen
gut malbar ein geklautes pling oder blutdruckmittel
(man gibt sich echsenartig in der apotheke)
die rituale des fliegens sind malbar
im klicken der sicherheitsgurte
gerüche die kein datum haben
ungemalt ziehn kometen
satelliten und unterhaltsame sternschnuppen
zeit als flüssigkeit, wispernde pinien
nicht malbar das unmittelbar vorhandene
ein übersprungenes rot
die drei hälften des lebens vom fuchs beschnuppert
von geckos geputzte wände
gut zu malen: algenschlaf gewächse in schwebe
zerschwindendes licht

4

ich lauf die serpentinenstraße
was ist und ist nicht
im sinne von blühen wachsen
was ist umsonst, vergebens kostenlos
zunge sei still, schließe dich mund aber
(ah, dieses aber!) *la tua bocca*
finden wir uns, finden wir uns ein im sinne von
treffen wir uns wieder? nämlich
von eintreffen oder an einem bestimmten ort
erscheinen, ist es ein einziges *ritroviamo*? und
»verrauscht« hat es eine nebenbedeutung
im sinne von gedämpft oder aber
vergangen, aufgehört? (*smorzato*) soll es
redewendung sein? ist es ein denkbild?
sind es privilegien, pinien-gleichungen
ist es wenig fast nichts, und zwar heftig?
lehne ich mich ins weite, greife ich tief
bin ich forsch, grammatisch, eifrig
beim horten von worten, lauf ich
die serpentinenstraße

5

wie war das bitte?
bienenstöcke braucht die wissenschaft?
seht her, wir leben
mit sandsäcken im fenster, unter
moskitonetzen, beglückt
von der klassischen pinie des plinius, ihrem
vorhanden-gewesen-sein, daturen
gelöscht doch nicht vergessen
gläser und gräser halb zugedeckt
brutto für netto auch sie
hier im haus gibt es schlüssel mit steinen
mit mineralien, wer wohnt im quarz, wer
spielt mit begriffen, wer probt die vier weine
der insel (sie senden saubere signale)
warm sind die nächte und funkeln wie broschen
unterwegs engel mit ipod
leuchten bläulich im dunkel

6

endlich das konto auffüllen
mit horizont
morgens beim blick in die buchten
ihr codiertes gelände, leerer strand
mit brandungslinien der nacht
die natur setzt die berge wieder in stand
die früh versehrten:
erze baute man ab erzengel
daher die loren, läden mit flügeln
mit steinen, gewändern
feinen toskanischen tuchen
daher die interdependenzen von
in pinienhängen vergrabenen villen
und verlassenen schächten
ins innre der magnetischen berge
wo die kompassnadel sich dreht und dreht
von den ausgewanderten
zu den eingewanderten
unten die feuchte der flöze
drüber eukalyptus mit dem geruch
von apotheken und erinnerungen
an halsweh, pinienadern pulsieren
scheinrosen hängen fröhlich ins bild

7

wer will schon zurück zur sprache des festlands
zu luftigen inseln geballt die zeit
ich sah was ich sah
echsen an mauern lauern auf falter
das hoftor dreht geräuschlos von selbst
im garten entströmt einer vase
jene berühmte innige arie
dezent fahrn marquisen ein oder aus
windstärke folgend und sonnenstand
wie im feudalen traum
hier kann man nicht weinen
auratisch verbunden
zum flotten schein
mineralreich tierreich pflanzenreich
wie die welten im raum verteilt sind
wie sie sich halten
schweben

Gedichte, kommentiert

Der gelbe Akrobat – Neue Folge

Lyrikanthologien sind sehr vergängliche Gebilde. Mit dem ehrgeizigen Ziel, einen »ewigen Vorrat« von »hinterlassungsfähigen« (Gottfried Benn) Poemen anzulegen, sind die Herausgeber solcher Anthologien in schöner Regelmäßigkeit gescheitert. Was als Gedichtsammlung mit nahezu unbegrenzter Haltbarkeitsdauer geplant ist, entpuppt sich in der Regel als sehr zeitabhängige, von intellektuellen Moden beeinflusste Bestandsaufnahme, ebenso kurzlebig wie die lyrische Saisonware. Unser gemeinsames Unternehmen *Der gelbe Akrobat*, das wir 2009 als Summe einer jahrzehntelangen Beschäftigung mit zeitgenössischen Gedichten vorlegten, ist indes kein klassisches Anthologie-Projekt, sondern ein *work in progress*, das sich einem publizistischen Glücksfall verdankt. Zwanzig Jahre lang ermöglichte uns die Wochenzeitung *Freitag*, in unregelmäßiger Folge Kolumnen zu deutschsprachigen Gedichten der Gegenwart zu schreiben. In stetem Wechsel verfertigten wir ab 1991 unsere Kommentare zu den Gedichten, biografische und sympathetische Annäherungen an die Texte, die im Idealfall aufeinander antworteten und sich zu einem großen Gespräch über Poesie ausweiteten. Die erste umfassende Zwischenbilanz dieser Arbeit mit 100 Gedichten und ebenso vielen Kommentaren haben wir 2009 im Verlag des Poetenladens vorlegen können, ein Kompendium, das mittlerweile in der dritten Auflage erscheint.

Unser Gespräch mit der zeitgenössischen Poesie haben wir nach dem Ende der *Freitag*-Kolumne fortgesetzt: Die *Neue Folge* des *gelben Akrobaten* wird seit Januar 2011 monatlich auf der Internet-Seite des Poetenladens präsentiert. Das dialogische Prinzip der Herausgeber ist erhalten geblieben. Der *poet* dokumentiert nun die ersten sechs Folgen dieser Reihe, ergänzt um die Gedichte und Kommentare, die in die Buchausgabe des *gelben Akrobaten* nicht mehr aufgenommen werden konnten.

Michael Braun und Michael Buselmeier

Adolf Endler, geboren 1930 in Düsseldorf, siedelte 1955 in die DDR über. Nach dem Studium am Leipziger Literaturinstitut arbeitete er als Lyriker, Kritiker, Essayist und Prosa-Autor. Von 1991 bis 1998 leitete er mit Brigitte Schreier-Endler die legendären Lesungen *Orplid & Co* im Café Clara, Berlin Mitte. Adolf Endler starb am 2. August 2009. Sein Gedicht *Dies Sirren* ist dem Band *Der Pudding der Apokalypse* (Suhrkamp 1998) entnommen.

Adolf Endler

Dies Sirren

Und wieder dies Sirren am Abend. Es gilt ihnen scheint es für Singen
Ich boxe den Fensterladen auf und rufe He laßt mich nicht raten
Ihr seid es Liliputaner das greise Zwergenpaar van der Klompen
Cui bono ihr lieben Alterchen mit der Zirpstimm im Dunkel cui bono

Michael Braun
Wem nützt das?

Seltsam zirpende Stimmen flüstern aus dem Dunkel, ein leises Kichern und Lispeln weht aus dem Verborgenen heran, ein Chor von unsichtbaren Kobolden oder Zwergen hebt an zu einem bedrohlichen Sirren und Singen. Es ist das Urgeräusch der phantasmagorischen Dichtung Adolf Endlers (1930-2009), ein »Sirren« aus dem Untergrund, das, wie der Autor in einem Gespräch mit Renatus Deckert erläutert hat, aus den Landschaften seiner rheinländischen Kindheit stammt. »Dies Sirren« ist seine Urvision aus den Trümmerbergen eines barbarischen Krieges, ein spätes poetisches Echo der Erfahrungen des Autors mit dem Schuttabladeplatz hinter seinem Elternhaus in Düsseldorf-Holthausen. »In diesem schwirrenden Müllberg, der unser bevorzugter Spielplatz gewesen ist«, so Endler, »mit alten, versumpften Matratzen, kaputten Blechkanistern, Schrauben, verrosteten Öfen.« In dieser Ansammlung ausrangierter Gebrauchsgegenstände einer destruktiv ausufernden Zivilisation sammeln sich die Dämonen, hier in der Gestalt von Liliputanern, die mit ihren rätselhaften Gesinge und Gezirpe das Ich umkreisen.

Das Gedicht *Dies Sirren*, 1971 entstanden, markiert in Endlers Werk die endgültige Verabschiedung seines pathetischen Frühwerks und den Eintritt des zeitlebens widerborstigen DDR-Poeten in eine surrealistisch eingefärbte, schwarzhumorige Dichtung, die einer nach sozialistischer Vernunft verlangenden Gesellschaft »immer wahnsinnigere Fratzen« schneidet. Mit einer absurden Anklage wegen »Staatsgefährdung« im Nacken hatte der glühende Jungkommunist Endler 1955 seine rheinische Heimat verlassen und war in jenes »bessere Land« im Osten gegangen, das ihn unverzüglich zu zähmen versuchte. Dort ließ er sich zunächst von den Heilsversprechen des real existierenden Sozialismus narkotisieren und verfasste eine bieder-staatskonforme Aufbau-Lyrik, die ihm wegen ihres forcierten Optimismus bald peinlich war. Die Doktrin des »sozialistischen Realismus« konnte er abschütteln und machte daraufhin die kunstvolle Fratzenschneiderei und einen schelmischen Anarchismus zu seinem Metier. Um 1963/64 wandelte sich der Dichter Endler, der im August 1961 noch für die »Befestigung der Staatsgrenzen« agitiert hatte, zum subversiven Maskenkünstler, der die Selbstlegitimierungsversuche des SED-Staates ebenso ironisch aushebelte wie später den nationalen Kitsch des wiedervereinigten Deutschland. In den 1960er Jahren erklärte er Andre Brétons »Anthologie des schwarzen Humors« zu seiner Bibel und entwickelte eine gewisse Vorliebe dafür, karnevaleskes Chaos in alle staatlichen und literarischen Ordnungssysteme zu schmuggeln.

Im Gedicht schleudert das Ich den boshaften Zwergen die Frage nach dem Nutzen ihrer Aktivitäten entgegen: »Cui bono – wem nützt das?« Eine seltsam deplaziert anmutende Rationalität geht auf Konfrontationskurs zu den Manifestationen des Irrationalen. Im Dickicht dieser poetischen Phantastik lässt sich nicht eindeutig bestimmen, ob sich denn für »die lieben Alterchen« und »das greise Zwergenpaar van der Klompen« nicht auch Entsprechungen in einer Realität jenseits der kindlichen Tagträume finden ließen. Sicher ist nur, dass »dies Sirren« den Dichter Adolf Endler ein Leben lang begleitet hat, als ein Präludium für jene kunstvollen Subversionen, mit dem dieser Autor jedwede Autorität unterminiert hat.

Steffen Popp, geboren 1978 in Greifswald, wuchs in Dresden auf und lebt in Berlin. Er ist Autor der Gedichtbände *Wie Alpen* (2004) und *Kolonie zur Sonne* (2008) sowie des Romans *Ohrenberg oder der Weg dorthin* (2006). Daneben ist er als Übersetzer tätig und übertrug Ben Lerners Gedichtband *Die Lichtenbergfiguren*. 2011 erhielt er den Leonce-und-Lena-Preis. Das vorgestellte Gedicht ist dem Band *Wie Alpen* (kookbooks 2004) entnommen.

STEFFEN POPP

Fenster zur Weltnacht

Eine Straßenbahn schläft vor dem Haus – gelb
mit gefaltetem Bügel, im Standlicht eingerollt

im Bug des Triebwagens träumen zwei Schaffner
kopflos, unter den Schilden ihrer Pappmützen

einer bewegt sich
steigt aus, ein schwacher Glutpunkt, und atmet
Rauch, mit dem Rücken zum Führerhaus

lange schaut er
        herauf, durch die orange Beleuchtung –

blind
wie Homer, in schwarzen Schuhen
mit Stahlkappen
unter dem Giebel des Uranus.

Michael Buselmeier
Müd wie Alpen

Eine nächtliche Szenerie, eng und alltagsnah, durch eine Laterne »orange« erleuchtet, müd und nicht ohne Wärme, tut sich da auf: Eine »gelbe« Straßenbahn (gelb gilt als Lieblingsfarbe des Dichters), die »mit gefaltetem Bügel«, im »Standlicht«, zu »schlafen« scheint. Endstation. Im Triebwagen »träumen« zwei gesichtslose Schaffner, einer von ihnen steigt aus, um eine Zigarette zu rauchen, und schaut lange »herauf«.

Wohin schaut er? Etwa in Richtung des Beobachters, der hinter einem Fenster des Hauses, für den Schaffner kaum sichtbar, zu vermuten ist? Oder schaut er »blind« in die schwarze »Weltnacht« herauf? Jedenfalls wird aus der heimlichen Szene erst mit der letzten Strophe – und in Verbindung mit dem Titel des Gedichts – eine unheimliche. Mit dem blinden Homer tritt plötzlich klirrend, mit stahlbewehrten Schuhen, der Mythos in das Alltagsgeschehen, wobei Kälte und Finsternis des umgreifenden Weltraums einströmen. Nicht nur der Schaffner, auch der Beobachter an seinem Fensterplatz nimmt die Veränderung wahr. Der Planet Uranus, der nur unter günstigen Bedingungen mit freiem Auge sichtbar ist, bildet einen »Giebel«, einen schwachen Orientierungspunkt im unendlichen Kosmos. Warum gerade Uranus und nicht der für die Melancholie der Dichter eigentlich zuständige Saturn? Steht Uranus, der älteste Himmelsfürst, hier stellvertretend für das Erhaben-Unbegreifliche?

Steffen Popp hat die auf den ersten Blick harmlos erscheinende Szenerie rhythmisch fließend, mit präzisen, poetisch ungewohnten Bildern entfaltet und versteht es meisterlich, den hell-dunkel-Kontrast, den Wechsel von Nähe und Ferne zu gestalten, bis zum jähen Hereinbrechen der »Weltnacht«, vor der alles Leben zu nichts wird. Denn da ist kein Sinn und keine Transzendenz im Weltraum, nur existentielle Leere und

Kälte, ähnlich wie in Sartres *Der Teufel und der liebe Gott*, wo der ernüchterte Held am Ende erkennt: »Ich werde allein sein mit dem leeren Himmel über mir, da ich nur so mit allen sein kann.«

Vergleichbar tiefe, verwunschene Nachtbilder finden sich auch in anderen Gedichten Popps. In der *Elegie für K.* etwa erinnert das lyrische Ich in großer Ferne einen »Stausee / in dem geflutete Dörfer nachts leuchten« – eine Schreckensvision, die frösteln macht wie Hölderlins im Winde klirrende Fahnen oder der grausige Ton mancher Volkslieder. Könnte nicht auch unser *Fenster zur Weltnacht* auf dem Grund eines Sees, an einem Ort »hinter dem Strom«, in einer Traum- und Totenwelt spielen?

Der 1978 in Greifswald geborene Autor hat Literatur und Philosophie in Dresden, Leipzig und Berlin studiert. Als hoch qualifizierter Geistesarbeiter weiß er mit leichter Hand ästhetische Tradition und Alltagsnotiz, hohen Ton und romantische Reflexion zu verknüpfen und alle sprachlichen Möglichkeiten auszuschöpfen. Das Erhabene mit dem Trivialen zu konfrontieren, ist als poetisches Verfahren nicht unüblich, doch Popp tut es auf eine eigene, inspirierte Weise. Gelegentlich findet er auch neue Wortverbindungen, die den Leser irritieren, ähnlich wie es die Prägungen der Surrealisten taten: »Müd ist mein Auge, müd müd / wie Alpen.«

Ulrich Koch, geboren 1966 in Winsen an der Luhe, lebt in Radenbeck bei Lüneburg. Er veröffentlichte mehrere Gedichtbänden zunächst beim Residenz Verlag. Zuletzt erschien der Band *Lang ist ein kurzes Wort* (2009) in der Lyrikedition 2000. 2011 erhielt Ulrich Koch den Hugo-Ball-Förderpreis. Das vorgestellte Gedicht erschien unter anderem in den Literaturzeitschriften *Gegenstrophe* und *Neue Rundschau*.

Ulrich Koch

Danke

für die Notbeleuchtung der Sterne
morgens, Innenhöfe,
vom Dunkel ausgeleuchtet,
und die Holzdose
mit den Milchzähnen meiner Tochter,
die ich mir ausschlug
auf dem Nachhauseweg,

das Sternbild
eines Gesichts,

LEBENDE TIERE
auf dem Heck der Lkw, die
zum Schlachthof fahren,

das Vergessen,
vom Gras geweckt,

das Nachthemd
auf der Wäscheleine,
von Mücken zerstochen,

den Gekreuzigten,
der seine Wunder leckt.

Michael Braun
Unfromme Gebete

Wenn ein Dichter heute die globale Zirkulationssphäre des Internet betritt, tut er das meist in der Erwartung, am fiebrigen Austausch der literarischen Netzwerke partizipieren zu können. Der Poet Ulrich Koch, ein stiller, verschlossener Typ, der den einschlägigen Lyrik-Communities sehr fern steht, betreibt dagegen eine Website, die ironisch jeden Selbstdarstellungs-Triumphalismus zu unterminieren scheint. Diese Website heißt nämlich www.milchmaedchenpresse.de, eine zunächst wenig vertrauenserweckende Bezeichnung. Wer seine Texte als Produkte einer »Milchmädchenpresse« kennzeichnet, dem scheint es darum zu gehen, die eigenen Eintragungen als äußerst fragwürdige Notate, als der Naivität verdächtige Artikulationen kenntlich zu machen. Auf dieser Website finden wir jedoch Gedichte, die den literarischen Rang des Autors eindrucksvoll veranschaulichen und in einem emphatischen Sinne »einleuchtend« (Arnold Stadler) sind.

Ulrich Koch selbst hat in einem Gespräch mit einem Interviewer der »Zeit« angemerkt, dass ein gutes Gedicht »auf unwiderstehlich sanfte Art und Weise traurig machen« müsse. Es ist tatsächlich eine große Trauer in seinen Gedichten, formuliert von einem Beobachter der Alltäglichkeit, der die Schrecken des Ausgestoßenseins und der Verlorenheit gut kennt. Da ist zunächst nur eine alltägliche Szene, die in diesen Gedichten eingefangen wird: Jemand kehrt von der Nachtschicht zurück, ein »leeres Hemd« hängt auf einem Kleiderbügel, jemand bricht auf zu einer »Radfahrt gegen Ende des Sommers«. Aber gleich beginnen die Fundamente der Alltäglichkeit zu schwanken, fast unmerklich verwandelt sich das unauffällige Alltagsbild zum metaphysischen Gleichnis.

Und wenn dann das Ich dieser Gedichte nach Art eines stillen Gebets seine Dankbarkeit erweisen will für gewisse Herrlichkeiten der Schöpfung, dann verliert es unweigerlich den Boden unter den Füßen. Ein Dankgebet für die Sterne am Himmelszelt? Das ist offenbar kaum mehr möglich, denn dem schreibenden Ich erscheint in diesem Gedicht das Sternenlicht nur noch als »Notbeleuchtung«. Und wenn sich der Dichter erleichtert bedanken will für »LEBENDE TIERE«, dann zeigt sich rasch die unidyllische Wirklichkeit, dass diese Tiere todgeweiht und auf dem Weg zum Schlachthof sind. Und am Ende des Gedichts sehen wir dann den Schöpfer selber in einer misslichen Lage: Wir sehen den Gekreuzigten, der – ein verstörendes und letztlich obszönes Bild – nicht die eigenen »Wunden« leckt, sondern seine eigenen »Wunder«. Durch eine semantische Verschiebung verschwindet hier der lautlich kleine, bedeutungsmäßig aber riesengroße Unterschied von »Wunde« und »Wunder«. Wir haben es mit einem Danksagungs-Gedicht zu tun, das von Zeichen der Vergänglichkeit durchzogen ist, angenagt von Zweifel und schwarzer Vision.

Das große Einverstandensein mit der Schöpfung will hier nicht mehr gelingen. Die Zeichen einer Daseinszuversicht werden sofort angefochten in den Gedichten des Melancholikers. Das Licht, das auf die Gegenstände fällt, bleibt Zwielicht, es hat zu kämpfen mit der herandrängenden Dunkelheit.

Wir haben es mit einer Poesie zu tun, in der sich unerwartet ein Riss auftut in der Welt und der Abgrund sichtbar wird, in dem uns die Aufklärung zurückgelassen hat. Man wird überall der Zeichen der Vergänglichkeit, der Verlassenheit und der Bedrohung des Gewöhnlichen gewahr und hält erschrocken inne. Diese Momente des jähen Erkennens, diese Augenblicke der Vergewisserung, dass die Einsamkeit des Menschen in der Welt nicht aufhebbar ist, haben sich in diese Texte eingeschrieben.

Dirk von Petersdorff, geboren 1966 in Kiel, lebt als Professor für Neuere deutsche Literatur in Jena. Er erhielt den Friedrich-Hebbel-Preis, den Kleist-Preis und hatte 2009 die Mainzer Poetikdozentur inne. Seit 2004 ist er Mitglied der Mainzer Akademie der Wissenschaften und der Literatur. Das vorgestellte Gedicht wurde seinem jüngsten Gedichtband *Nimm den langen Weg nach Haus* (C. H. Beck 2010) entnommen.

DIRK VON PETERSDORFF

Raucherecke

Ihr Langen, wo seid ihr? Ich hab
nicht mal mehr eure Nummern.
Gibt es denn Besseres als am Morgen
eine Schar,
eng zusammen,
frierend;
ich glaube, wir froren fast immer.
Damals sprach keiner zu viel,
sondern stand, den Rücken zur Welt,
in Mänteln aus Stoff,
ihr Dünnen.
Nur der verhangene Blick
sieht tief, kennt sein Schicksal,
das traurige Pochen
ferner Hügel,
sieht freudig erschreckt
sich am seligen Busen erwachen.
Wie ihr den Rauch
ausstoßen konntet,
ihr Edlen, ach,
alles war gut, als ich mit euch
sah sich röten den Tag, viertel vor acht.

Michael Buselmeier
Ihr Edlen, ach

Ein heiter-ironisches Gedicht, reimlos, in freien Rhythmen, doch wohl gegliedert, das einen rundum charmanten, auch etwas historischen Eindruck macht. Das lyrische Ich erinnert sich seiner Jugendzeit, als es in Schulhöfen noch die mittlerweile verpönten »Raucherecken« gab. Da stehen die Abiturienten, die schon bald, jeder für sich, in alle Richtungen versprengt werden und so gut wie nichts mehr von einander wissen, noch einmal eng beisammen, dünn und frierend, mit dem »Rücken zur Welt«, und ahnen nicht, was das »Schicksal« mit ihnen vor hat.

Wehmut angesichts der entschwundenen Freunde, der zerstobenen Dichter-Gesellen und Polit-Genossen, der Jugendunruhe überhaupt, ist ein in der Poesie nicht unbekanntes Motiv, man denke nur an Eichendorff und Hölderlin, die Göttinger Hainbündler und die Straßburger Stürmer und Dränger. Im vorliegenden Gedicht ist diese elegische Tradition bis in das Vokabular und die Redewendungen eingedrungen. Das beginnt mit hehren Anrufen (»Ihr Langen«, »ihr Dünnen«, »ihr Edlen«), die den Text gliedern, setzt sich fort in steilen Sprachgesten wie »Gibt es Besseres als …« oder »am seligen Busen erwachend«, und endet hoch pathetisch: »ihr Edlen, ach, / alles war gut, als ich mit euch / sah sich röten den Tag, viertel vor acht.«

Ich weiß nicht in jedem Fall, aus welchen Quellen der 1966 geborene Germanist Dirk von Petersdorff schöpft, woher die einzelnen Versatzstücke (etwa »das traurige Pochen / ferner Hügel«) stammen, doch das Finale geht fraglos auf Klopstock zurück, den Dichter eines empfindsamen Freundschaftskults. Die dritte Strophe seiner Ode *Die frühen Gräber* von 1764 lautet: »Ihr Edleren, ach es bewächst / Eure Male schon ernstes Moos! / O wie war glücklich ich, als ich noch mit euch / Sahe sich röten den Tag, schimmern die Nacht.«

Die freche Schlusspointe (»viertel vor acht« statt »schimmern die Nacht«) wirkt etwas platt. Doch Petersdorff, der sich auch in Essays gern als Ironiker vorstellt, ist eher ein sentimentaler Hund, ein Melancholiker, der sich an Ernie & Bert und seine alte Lederjacke erinnert, sich schon mit vierzig altern sieht und sein privilegiertes Los bedauert. Vielleicht hat ihn ja die Universitätskarriere so angekränkelt. Einen ganzen Sonett-Zyklus, bestehend aus zwölf virtuos gereimten Teilen, hat er den gestressten Vierzigjährigen gewidmet: »Als wir noch straff und voller Zukunft waren ...«

Petersdorffs frühe Gedichte sind von flirrender Intellektualität, mit philosophischen Verweisen, die späteren kommen oft im braven Parlando des Alltags daher. Fast immer schreibt er elegant und witzig, verwandelt sich das Vergangene flügelleicht an, spielt mit Reim und Rhythmus, beherrscht den späten Benn- wie den Volksliedton oder eben auch den Klopstocks. Nur das tragisch Finstere und mythisch Besessene, die Traditionslinie Hölderlin – Hilbig, bleibt ausgeschlossen, es sei denn, sie ließe sich profanieren.

Levin Westermann wurde 1980 im niederrheinischen Meerbusch geboren. Er studierte Philosophie und Soziologie in Frankfurt am Main und besucht seit 2009 das Schweizerischen Literaturinstitut in Biel/Bienne. Levin Westermann gewann 2010 den open mike in der Sparte Lyrik und nahm 2011 als Finalist am Leonce-und-Lena-Wettbewerb in Darmstadt teil.

Levin Westermann

wie ein fresko, das vom rand her eitert,
sagst du. drei mal drei entsprechungen entfernt,
auf dem grund des sees. wir schalten um auf kiemenatmung.
somnambulismus from this point forward. zunehmender druck,
bei abnehmender sicht. die welt wird immer kleinerkleiner.
das schroffe antlitz eines quastenflossers, hängende gärten,
triefend vor nass. stille, oder: die abwesenheit von lauten,
sagst du.

Michael Braun
Die Akkumulation der Ferne

»Wir werden schlafen bei den Toten drunten / Im Schattenland. Wir werden einsam wohnen / In ewgem Schlafe in den Tiefen unten / In den verborgnen Städten der Dämonen.« So beginnt Georg Heyms todestrunkenes Gedicht *Der Tod der Liebenden im Meer* – und ein dunkler Nachhall dieser Verse grundiert auch das weltverlorene Gedicht des poetischen Nachgeborenen Levin Westermann. In der schwarzen Tiefe des Sees wartet hier eine Stille, die abgeschlossen ist gegen die lärmige Oberwelt, alle Geräusche werden verschluckt, die »abwesenheit von lauten« erscheint fast als Zustand des Glücks. Mit einer düsteren Konsequenz suchen Levin Westermanns Gedichte die Entfernung von der Tagwelt, das poetische Bewusstsein scheint in dieser Abstandnahme von den Koordinaten einer Alltagsvernunft und in der existenziellen Distanzierung jedweder weltimmanenten Sinngebung seinen Zielpunkt zu finden. Das bunte Fresko des reglementierten Lebens zeigt seine wunden Ränder – diese Welt wird von den beiden Protagonisten des Gedichts verlassen, in Richtung eines Schweigens, das alle Zumutungen des Sozialen stillstellt. Die zentrale Verszeile formuliert ein Paradoxon: der Befund des rastlosen trancehaften Schlafwandelns (»somnambulismus«), also eines Heraustretens aus der Logik des Alltagshandelns, wird grammatisch verknüpft mit der Markierung einer hektischen Aktivität, mit einem Befehl aus der digitalen Sphäre (»from this point forward«). Der Weg führt jedoch »bei abnehmender sicht« unaufhaltsam nach unten – der Text mit seiner melancholischen Gravität zieht uns in eine Tiefe, die kein Geheimnis und keinen Mythos mehr bereithält.

Das Gedicht entwirft eine Unterwasserwelt ohne Verheißungen, ohne romantische Utopien, an die sich eine Hoffnung anlagern könnte.

Westermann führt uns in ein namenloses Dunkel, in dem nur kurz und schemenhaft die Schatten antiker Mythen vorbeiziehen, bis schließlich auch diese verschwinden. Das in die Tiefe sinkende Paar driftet an den hängenden Gärten in Babylon vorbei, kurz kreuzt auch ein Quastenflosser den Weg nach unten, ein lange als ausgestorben geltender Tiefsee-Fisch, der sich tagsüber in Höhlen aufhält und erst nachts, in der allergrößten Schwärze, zu seinen Beutejagden aufbricht.

Das Eingeschlossensein in die schwarze Tiefe eines Sees, in der Geräuschlosigkeit, fern jedem sozialen Austausch, erscheint hier als Wunschbild. Je größer die Entfernung von den Paradigmen der Oberwelt, desto mehr wird hier, in der dunklen Abgeschiedenheit des Seegrunds, eine Selbstwahrnehmung des Ich möglich.

Es geht in den Gedichten Levin Westermanns, von denen einige besonders verstörende Exempel beim Literarischen März 2011 in Darmstadt zu hören waren, um »die Akkumulation der Ferne«, wie es in dem geistesverwandten Gedicht »das nötigste ist längst getan« heißt. Es sind Protokolle eines imaginären Gangs in die Abgeschiedenheit. Hier spricht ein Ich, das das alles aufs Spiel setzt, das vom Weltgefühl der Verlorenheit umzingelt wird und dennoch spricht, am Rande des Schweigens. In Georg Heyms Gedicht hat das Meer den Mund geschlossen wie eine Spinne. Bei Levin Westermann sehen wir nur noch das Antlitz und das Maul des lichtscheuen Quastenflossers, das von der Gefräßigkeit der Welt zeugt.

Elisabeth Langgässer wurde 1899 im rheinhessischen Alzey geboren und arbeitete zwischen 1919 und 1931 als Lehrerin. Als »Halbjüdin« musste sie ab 1942 Zwangsarbeit in einer Munitionsfabrik leisten und erkrankte an Multiple Sklerose. Nach Kriegsende trat sie mit dem Roman *Das unauslöschliche Siegel* und dem Gedichtband *Der Laubmann und die Rose* hervor. Elisabeth Langgässer starb 1950 in Karlsruhe. Posthum erhielt sie den Georg-Büchner-Preis. Das vorgestellte Gedicht stammt aus dem Band *Gedichte*, Hamburg 1959.

ELISABETH LANGGÄSSER

Erster Adventssonntag

Erwecke, o Herr, unsre Herzen! (Oratio)

Brich auf, o Welt! Die Himmel fallen
von Fülle berstend, in das Land,
und jäh empor, gleich Meereswallen,
rauscht Volk an Volk gen Jahwes Hand.

Bestürme alles Fleisch, Erwachen!
Und mehre seiner Knechtschaft Qual,
daß Brüllen wie aus Löwenrachen
erschüttre unsres Geistes Saal.

Zerreiße Mauer, Damm und Küste,
ich will nicht Form und nicht Gestalt,
ich treibe hin durch Nacht und Wüste,
ich heiße Feuer! Schwert! Gewalt!

Michael Buselmeier
Gottespfeile

Im Frühling 1924 erschien, als erste Buchveröffentlichung der jungen katholischen Dichterin Elisabeth Langgässer, *Der Wendekreis des Lammes*, ein Gedichtzyklus zum Kirchenjahr, beginnend mit dem ersten Adventssonntag und endend mit Allerheiligen. Es handelt sich, so der Untertitel, um einen »Hymnus der Erlösung«, einen feierlichen Lobgesang, der auf die Tradition der vorchristlichen Antike wie auf die christliche Liturgie des Mittelalters zurückweist. Elisabeth Langgässer wählte jeweils einen Satz aus dem Text der Liturgie des Tages und erschloss im Gedicht dann seine besondere Bedeutung.

Der Satz »Erwecke, o Herr, unsre Herzen!« aus der Oratio steht über dem Gedicht zum Ersten Advent. Es ist so streng geformt durch Kreuzreim und jambisches Metrum, von solcher sprachlichen Härte und rhythmischen Kraft, dass man unwillkürlich an die Psalter des barocken Mystikers Quirinus Kuhlmann (»Triumph! Triumph! Triumph! Wir fahren ein …«) oder auch an Verse Stefan Georges (»Euch all trifft tod. Schon eure zahl ist frevel.«) denkt. Offensichtlich ist die »Erweckung der Herzen« für die Dichterin kein sanfter Erfahrungsprozess, wie noch für die von ihr bewunderte Annette von Droste-Hülshoff, die ebenfalls ein Gedicht auf den Ersten Advent geschrieben hat: »Du bist so mild, / So reich an Duldung, edler Held …« – sie erfolgt vielmehr mit äußerster Radikalität, als Apokalypse. Himmel und Erde umarmen sich nicht, um eins zu werden, sondern es »fallen« die Himmel »berstend« in das Land, und ein unerbittlicher Gott »zerreißt« Mauern und Dämme. Auch der erlösungsbedürftige Mensch ist nur aufglühendes und dahinsterbendes »Fleisch«, um dessen vermehrte »Qual« ein ekstatisches Ich bittet, das sich selber im letzten Vers hochfahrend und schneidend abstrakt als »Feuer! Schwert! Gewalt!« definiert.

Der Gott, der hier angerufen wird, ist ein archaischer und schrecklicher Herrscher, dem man sich nur blind unterwerfen kann. In diesem Zyklus geht es nicht selten gewaltsam zu nach Art des Alten Testaments, obwohl doch eigentlich Christi Geburt, Tod und Auferstehung, also auch seine Menschenliebe das Thema ist. Elisabeth Langgässer war eine christliche Fundamentalistin mit kriegerischem Vokabular, die ihre Gedichte als Gottespfeile verstand. In ihr Christusbild spielt auch der Gott Dionysos hinein mit einer tief ernsten und fast orgiastischen Inbrunst. Nietzsches Ecce homo-Pathos ist da nicht fern: »Licht wird alles, was ich fasse, / Kohle alles, was ich lasse: / Flamme bin ich sicherlich!«

Ihre steile Sprachgestik, abseits von jedem Alltag, ihre barocke Ausdrucksfülle und ihr fundamentaler Katholizismus dürften die Gründe sein, weshalb diese kompromisslose Dichterin rund 60 Jahre nach ihrem frühen Tod so gut wie vergessen ist. Auch die umfangreiche Langgässer-Biographie Sonja Hilzingers aus dem Jahr 2009 konnte daran wenig ändern. Die Vorstellung, dem Gang der Heilsgeschichte ausgeliefert zu sein und eine Puppe in Gottes Hand, passt nicht mehr in unsere Zeit eines aufgeklärten Humanismus, die jedoch zugleich beliebig, substanzarm und formlos erscheint.

Kerstin Preiwuß, geboren 1980 in Lübz (Mecklenburg), wuchs in Plau am See und in Rostock auf. Sie studierte Germanistik, Philosophie und am Deutschen Literaturinstitut Leipzig. 2006 erschien ihr Lyrikdebüt *Nachricht von neuen Sternen*. 2012 folgt ihr zweiter Gedichtband *Rede* im Suhrkamp Verlag. Das vorliegende Gedicht ist dem *poet nr. 5* (poetenladen, Leipzig 2008) entnommen.

Kerstin Preiwuss

einmal sind von anatomischen tischen

einmal sind von anatomischen tischen
die apokalyptischen reiter durch mein gesicht gezogen
nun ist es verbogen
habe es abgenommen und in eine hand gelegt
kann's kaum verwinden
dass sie ein stilleben trägt

warte bis mir ein neues wächst
die reiter warten mit mir mit
ihr rückzug steht fest
dann hab ich zwei schalen, eine waage
in die ich mein leben werfen kann
soweit zum wiedergang

Michael Braun
Präludium zum Wiedergang

Im biblischen Mythos firmieren sie als furchterregende Boten des Todes: die apokalyptischen Reiter, die ohne jedes Erbarmen die Menschheit mit furchtbaren Geißeln heimsuchen und mit Donnerstimme den Untergang verkünden. In einem Gedicht der jungen Lyrikerin Kerstin Preiwuß (geb. 1980) sind sie zunächst Traumstoff, die das Ich und seine Physiognomik gewalttätig überqueren, ein Ich, das von dieser Phantasmagorie des Untergangs an eine elementare Lebenswende geführt wird. Am Ausgangspunkt steht wohl eine Begegnung dieses Ich mit der Verletzlichkeit des Körpers: Ein Einschnitt in den Leib, möglicherweise ein operativer Eingriff wird als apokalyptisches Ereignis erfahren. Dann vollzieht sich eine Spaltung: Das Subjekt spricht von der Abgetrenntheit des eigenen Gesichts – und von der Erwartung einer neuerlichen Häutung. Das alte, vertraute Gesicht erweist sich als »Stilleben« – aber was wird nachwachsen? Die apokalyptischen Reiter erweisen sich dabei als Begleiter, die sich zunächst nicht abschütteln lassen.

Kerstin Preiwuß, die am östlichen Rand Mecklenburgs aufgewachsen ist, an »den bewaldeten Seen zwischen Templin und Plau«, und am Literaturinstitut in Leipzig ein Studium absolviert hat, vergegenwärtigt in diesem subtil gereimten Traumgedicht eine existenzielle Grenzsituation. Es vollzieht sich eine Art Häutung, eine Neuausrichtung des Subjekts, das vor einer aussichtslosen Situation steht. Zwar wird der »Rückzug« der berittenen Unheilsboten in Aussicht gestellt. Aber das erschütterte Dasein lässt sich in keine Balance mehr bringen. Denn das Subjekt kann sich ohne schizophrene Zersplitterung nicht gleichzeitig in die zwei Schalen einer Waage werfen. Der angedeutete Rückzug der apokalyptischen Reiter verheißt dem Ich noch keine Rettung. Im Gegenteil: Der »Wiedergang« wird als unabwendbar erfahren. Wiedergänger aus dem Schattenreich repräsentieren stets die Macht der Toten über die Lebenden, die vor ihrem Erscheinen erschauern. Hier erfährt sich das Ich, vom möglichen »Wiedergang« der apokalyptischen Reiter affiziert, als sein eigener Wiedergänger.

Im Gewusel des neuen Lyrik-Booms, in dem derzeit viele mediokre Geister auf das Katapult der Talentförderung gelangen wollen, ist Kerstin Preiwuß eine Ausnahmegestalt. Während sich viele Junglyriker in griesgrämiger Erfahrungsarmut einrichten, tastet sich Preiwuß in sinnlichem Kontakt mit den Mythen und Landschaften ihrer Kindheit vor einer eigenständigen poetischen Tonsetzung, zu einer poetischen Stimme, die uns lange begleiten wird.

Harald Hartung, geboren 1932 im westfälischen Herne, lebt in Berlin. Von 1971 bis 1998 war er Literaturprofessor an der Technischen Universität. Neben seiner dichterischen Arbeit trat er auch als Herausgeber, Kritiker und Essayist hervor. Er ist Mitglied mehrerer Akademien. Zuletzt erschien von ihm der Band *Wintermalerei* (Wallstein Verlag 2010). Das vorgestellte Gedicht stammt aus dem *Jahrbuch der Lyrik* 2009 (S. Fischer).

HARALD HARTUNG

Die heiße Ofenplatte

Als Kind weil ich noch kein Geheimnis hatte
schrieb ich es auf mit Milch auf Briefpapier
und tat es auf die heiße Ofenplatte
bis Schrift erschien die bräunlich war wie Bier
Notrufe schrieb ich: SOS, *die Emde*
versinkt – das war symphonisches Gefühl
Ich zeigte meine Blätter keinem Fremden
das Fremde selbst, das Sterben kam zu mir

Es kam dann echt als fehlte der Beweis
Ein Landser (Bauchschuß) lag im Straßengraben
Ein Junge noch der nach der Mutter rief
Er sah mich an, er hielt den Kopf so schief
Die andern Landser trieb es fort sie haben
ihn da gelassen, und der Mai war heiß

Michael Buselmeier
Notrufe in Geheimschrift

Vor rund dreißig Jahren hat Harald Hartung in der *Neuen Rundschau* und im *Merkur* Essays veröffentlicht, in denen er barsch über die damals viel gelobte »Alltagslyrik« oder »Lyrik der neuen Subjektivität« urteilte. Den Protagonisten dieser »lässigen Lyrik« – Rolf Dieter Brinkmann, vor allem Jürgen Theobaldy, Jörg Fauser und Christoph Derschau – warf er »additive Beliebigkeit«, »fatale Ding-Magie« und »Preisgabe des Kunstanspruchs« vor und rief zu einer Rückkehr zur Form auf. Eine historisch so strenge Form wie die des Sonetts sollte »Schluß mit dem Schlendrian« machen.

Schnee von gestern, denn die alten Fronten bestehen längst nicht mehr. Auf verschiedenen Wegen haben die einstigen Alltagspoeten, sofern sie noch am Leben sind, zur Tradition des sprachlichen Kunstwerks, zu Rhythmus, Metrum und Kreuzreim zurückgefunden, fast so als wären sie Hartungs Aufruf gefolgt. Auch er selbst hat noblerweise keine seiner Polemiken in seine Aufsatz-Sammlungen übernommen. Hartung gilt mittlerweile als »Dolmetscher der modernen Weltpoesie« und ist als *FAZ*-Kritiker und Johann Heinrich Merck-Preisträger eine Art Instanz.

Wie wohl die meisten Lyrikexperten schreibt er selbst Gedichte, mit denen er freilich nie so viel Aufmerksamkeit erregen konnte wie die von ihm der Oberflächlichkeit geziehenen Alltagsdichter. Dabei fällt auf, dass seine sorgfältig gearbeiteten Texte zwar alles Modische meiden, jedoch Motive des Alltags bevorzugen. Sie treten leise und leichtfüßig auf, genau, doch sprachlich eher unspektakulär, müssen also kaum erläutert werden. Es sind ebenso bescheidene wie raffinierte Gebilde. Hartung bevorzugt Ruhe und Distanz, er neigt – auch altersbedingt – zur Kontemplation und zum Relativieren des eigenen Standpunkts, weshalb man seine Verse mit Vergnügen liest.

Als 1979 das erste *Jahrbuch der Lyrik* erschien, war Harald Hartung Mitherausgeber, und doch war die von ihm als »eindimensional« kritisierte Lyrik der linken Subjektivität darin angemessen vertreten. Vor einiger Zeit ist die 27. Ausgabe des *Jahrbuchs* herausgekommen, in welchem auch zwei Gedichte von Hartung zu lesen sind. In ihnen geht es, wie so häufig, um Leben und Tod: kunstreich-einfache, mit Bildung und Lebenserfahrung gesättigte Verse, die souverän im fünffüßigen Jambus daherkommen. Ein Gedicht erinnert an den britisch-deutschen Lyriker und (Hölderlin-)Übersetzer Michael Hamburger, der 2007 in Suffolk starb. Neben der Dichtung widmete sich Hamburger dem Garten und besonders der Apfelzucht: »Durch wie viel Erde mußten diese Hände / etwas zu kappen oder fördern etwas / zu pflanzen ...«

Das hier vorgestellte Gedicht erzählt vom Sterben als Abenteuerspiel, aus dem plötzlich Ernst wird, in der gebändigten Form des gereimten Sonetts. Kriegsende, Mai 1945. Der Junge, der mit dem Schrecken bisher eher spielte, indem er »Notrufe« in Geheimschrift (so könnte man auch Gedichte bezeichnen) verfasste, findet im Straßengraben einen sterbend zurückgelassenen Soldaten, auch er ein »Junge«, der nach seiner Mutter schreit und nur wenige Jahre älter als der Beobachter selbst sein dürfte, den Kopf »schief« haltend – ein Bild, das sich schmerzhaft einprägt.

Ulrike Almut Sandig wurde 1979 im sächsischen Großenhain geboren. Von 2007 bis 2009 gab sie gemeinsam mit Jan Kuhlbrodt die Literaturzeitschrift EDIT heraus, 2010 schloss sie ihr Studium am Deutschen Literaturinstitut Leipzig ab. Sie erhielt den Lyrikpreis Meran, den Lessing-Förderpreis und den Leonce-und-Lena-Preis. Das vorliegende Gedicht ist ihrem Gedichtband *Streumen* (Connewitzer Verlagsbuchhandlung 2007) entnommen.

Ulrike Almut Sandig

kann sein, dass wir bleiben, wo wir sind. gegenüber
am tisch, in den händen die rinde vom brot eines vortags,
wir können nichts für uns behalten: die krumen treten sich fest
auf den fliesen, **diese sage geht ihren eigenen pfad**, es fehlt uns
an stoffen, keine frage, von unten her kühlt etwas aus und es gibt
keinen rückweg zu legen, wir kommen von nirgendwo her,
wir sind nie woanders gewesen. kann sein, dass wir hier
nicht mehr weggehen werden, die augen im lauf
aufeinander gerichtet, dass keiner als erster
den satz tut zum fenster, zur zugluft,
      zum südlichen wald.

Michael Braun
Das streumende Gedicht

»Wenn ich schreibe, bin ich allein ... Ich bewege mich auf den Fokus meiner Sehnsucht zu. Ich müsste mich nicht bewegen, wenn ich schon da wäre, wo ich bin. Ich will also irgendwo hin. Wohin genau? ... Dieser Impuls, mein Gedicht überhaupt zu schreiben ..., treibt mich zu einer Körperbewegung an, die mit dem Singen, dem Beten, Murmeln, dem Neinsagen, dem Träumen, dem Rennen und dem Streunen verwandt ist. Die schreibende Bewegung ist mit dem Ort, an dem ich mich befinde, identisch. Deswegen bilde ich Bewegung und Ort in einem Wort ab: Das nenne ich Streumen. Ich streume ... Mein Gedicht streumt. Und damit geht es los.«

So beginnen sie, die Suchbewegungen der jungen deutschen Lyrik: mit Sprachgesten des Aufbruchs, mit einem In-Bewegung-Setzen semantisch offener Sprachzeichen, mit lyrischen Impulsen, die sich nicht um eine feste Bedeutung gruppieren oder gar eine geschlossene metaphorische Welt aufbauen wollen, sondern eher dem Vagabundieren gleichen – Sprachbewegungen also, die sich erst in das Reich der Zeichen hineintasten, bevor sie ihre Richtung finden. Die 1979 geborene Lyrikerin Ulrike Almut Sandig beschreibt in einer Sonderausgabe der Zeitschrift »intendenzen« (*Hermetisch offen*. Hrsg. von Ron Winkler. Berlin 2008) diese vagabundierende Bewegung mit ihrem Kunstwort »streumen«, das zum einen eine Ortsbezeichnung ist, zum andern aber den Aufbruch ins Ungewisse meint. »Streumen« ist ein Dorf im ostelbischen Sachsen, in dem die Autorin aufgewachsen ist, und meint zugleich die vagabundierende Tätigkeit des lyrischen Subjekts. Ein Ich beginnt aus einer Verborgenheit heraus zu schreiben und beginnt zu »streumen« – und – im günstigsten Fall – lösen sich alle festen Bedeutungen aus ihren Verankerungen. Bei Ulrike Almut Sandig ist das Ich unterwegs ins Ungewisse, stets schwankend zwischen provisorischem Verweilen und nervösem Aufbruch – ein Ziel ist vorerst nicht in Sicht. Diese Gedichte formulieren eine tastende Suche: das sanft fluktuierende Gedanken-Protokoll einer Selbstvergewisserung. Es ist zugleich ein in Gedichten imaginiertes Wechselspiel zwischen Verankert-Sein und Unverankert-Sein. Das Ich kann auf keinem festen Standort beharren, sondern stellt das einmal Erreichte sofort in Frage, um gleich einen neuen Ort, ein neues Ziel ins Auge zu fassen. Auch die Sprache selbst horcht in sich hinein, um die Verlässlichkeit der gefundenen Wörter zu prüfen.

Diese skeptische Verhaltenheit des Sprechens, das sich ständig selbst in Frage stellende lyrische Erzählen macht den großen Reiz von Sandigs Poesie aus. Am Ausgangspunkt vieler Texte steht ein Kind in der Stille – ein Kind, das in die Muschel eines Telefonhörers spricht, sich mit dem Rauschen darin vermischt oder fremden Stimmen lauscht. Ein leises Reden dringt von außen in die fast hermetisch verschlossene, einsame Welt des Kindes hinein. Und dann kommt etwas Rätselhaftes, Bedrohliches hinzu, das unbestimmt bleibt, etwas Gewaltsames deutet sich an, eine Invasion des Unbekannten. Gegen solche Bedrohlichkeiten im Dunkel, gegen ein Alleinsein, das in Verlorenheit mündet, setzt die Dichterin die Hoffnung auf Magie – auf die Magie des Gedichts. Es geht, so betont Ulrike Almut Sandig im Gespräch, um Magie als »Gegenzauber«.

Norbert Lange, 1978 in Gdingen geboren, im Rheinland aufgewachsen, studierte in Berlin und von 2002 bis 2006 in Leipzig am Deutschen Literaturinstitut. Er trat als Lyriker, Essayist und Übersetzer hervor. 2006 erhielt er ein Aufenthaltsstipendium im Künstlerhaus Schloss Wiepersdorf und 2009 im Künstlerhaus Edenkoben. Das *Schlaflied* ist Norbert Langes Gedichtband *Rauhfasern* (Lyrikedition 2000, 2005) entnommen.

NORBERT LANGE

Schlaflied

Ich bin doch noch ganz klein
Ich bin noch gar nicht da
Ich bin noch nass / ich bin ganz roh
Willst du nicht meine Eltern sein

Ich trage Wurzeln bis zur Hölle
Ich bin kein Engel dass ich Flügel hab
Ich bin ganz lieb und in der
Helle des Tages sehr schön anzusehn

Ich hab mir schon den Kopf zurecht gerückt
Ich schlage keine Zähne aus
Ich hab mich auch so gut versteckt
dass mich keiner finden darf

Willst du mir nicht die Decke über meinen Kopf
zwei Paar Socken über meine Füße ziehn
und mich im Schlaf anschaun
und mit mir zur Hölle gehen

Willst du nicht meinen Schlaf bewachen / anschaun
und mit mir zur Hölle gehen

Michael Braun
Wurzeln bis zur Hölle

»Schönheit und ihre Zerstörung sind zwei Seiten einer Münze«, hat der Dichter Norbert Lange einmal lakonisch gesagt. Es gibt auch für das von ihm beschreibende Kind im vorliegenden Gedicht keine Helligkeit, keine Schöpfungsfrühe, keine Zuversicht und keine Schönheit ohne die beängstigende Aussicht auf das Schreckliche und auf eine Fahrt in die Hölle. Eine große Lebensangst artikuliert sich da – aber auch die Hoffnung, dass ein geliebtes Du das Ich auf seiner Fahrt durch die Territorien des Schrecklichen begleitet.

Das vor einigen Jahren entstandene *Schlaflied* nimmt eine Ausnahmestellung in Norbert Langes Werk ein. In sehr vielen seiner Gedichte sind es schroff gefügte Bruchstücke aus Bildkunstwerken, Zitate aus Alltagszusammenhängen, Fotografien oder Liedreste, die in harter Fügung aufeinanderprallen.

Das *Schlaflied* setzt nun nicht auf diese Schnitt-Techniken der extremistischen Montage oder Wort-Kombinatorik, sondern bedient sich bewährter alter Formen wie der Litanei. Dabei wird eine Melodie von großer Suggestivität erzeugt. Das *Schlaflied* nimmt die Verfahrensweisen des seit dem Mittelalter gängigen Wiegen- und Kinderlieds wieder auf und setzt es um in einen abgründigen Höllengesang. Dabei ist es das ungebärdig gewordene Kind selbst, das hier das Wort ergreift und die verschiedenen Entwicklungsstadien des Ich – vom pränatalen Zustand bis zum existenziell erschöpften »Ich«-Bewusstsein – durchspielt.

Der 1978 in Gdynia (Polen) geborene und seit vielen Jahren in Berlin lebende Norbert Lange sucht den intensiven Austausch mit den totgeglaubten Stimmen der poetischen Tradition und den Energien der lyrischen Vorfahren. Der Autor ist in Lahnstein im Rheinland aufgewachsen, das in seinem Debütband *Rauhfasern* (Lyrik Edition 2000, München 2005), zum Naturstoff und Bildgrund so manchen Gedichts geworden ist. Nach Studien in Philosophie, Kunstgeschichte und Judaistik in Berlin absolvierte Lange von 2002 bis 2006 ein Studium am Deutschen Literaturinstitut in Leipzig.

In mehreren Essays wird die »Quellenkunde« als Zentralbegriff der Poetik markiert: Gedichte begreift Lange als »Palimpseste«, also als Übermalungen bzw. Überschreibungen von historisch immer wieder neu bearbeiteten Urschriften. Der Autor hat also immer wieder neu Entscheidungen zu treffen: Welches Verfahren ist zu wählen, damit die eigene poetische Textur ein autonomes Gefüge wird und nicht die epigonale Reprise einer historischen Tonspur?

In einem Beitrag für eine Anthologie mit sprach- und poesiegeschichtlichen Tiefbohrungen (*Quellenkunde*, hrsg. von Norbert Hummelt, Lyrik Edition 2000, München 2007) hat Lange die Merseburger Zaubersprüche als primäre Sprachmaterie erforscht. Diese Beschwörungsformeln aus der Frühgeschichte der Poesie verknüpft er mit einem Gemäldegedicht, das eine Totentanz-Darstellung von Hans Holbein dem Jüngeren aufnimmt und mit modernen Reizwörtern verbindet. Am Ausgangspunkt des Holbein-Gedichts steht die intensive Beschäftigung mit dem zweiten Merseburger Zauberspruch, der die Heilung eines Pferdes evoziert. Das Pferd, so Lange in einem Brief, ist »einer alten Auslegungstradition zufolge, das klangliche und stimmliche Element der Sprache ... heißt das vielleicht, dass schon der Zauberspruch die Sprache heilen will?« Auch in der spracharchäologischen Dichtung Norbert Langes ist also der Zauberspruch noch präsent – auch in dieser von Montagetechnik und Zitaten bestimmten Poesie lebt der Glaube an die Heilkräfte der Dichtung fort.

Nadja Küchenmeister, geboren 1981 in Berlin, studierte Germanistik und Soziologie in Berlin und anschließend am Deutschen Literaturinstitut in Leipzig. Sie erhielt den Kunstpreis Literatur Berlin-Brandenburg sowie den Mondseer Lyrikpreis. Das vorliegende Gedicht stammt aus ihrem Debütband *Alle Lichter* (Schöffling & Co. 2010) und war abgedruckt in *poet nr. 1* (poetenladen 2006).

Nadja Küchenmeister

toter mann

nur wie die wolken heute ziehen und der film geht an
geruch von sommer und verbrannten wiesen und ich
im wasser spielte toter mann und diesen stein der mir
den fuß aufschlitzte noch gefunden in der vitrine unter
staub und zetteln das kartenspiel zu dritt im gras die
mücken kamen vater warum bist du denn so stumm
doch einen toten muss man nicht mehr retten und mutter
bruder die vom blatt aufsahen und schauten sich nicht
nach dem toten um

Michael Buselmeier
Vitrinengerümpel

In einem der »Jungen Lyrik« gewidmeten Heft der Zeitschrift *Text + Kritik* aus dem Jahr 2006 stellte Norbert Hummelt sechs Jungpoeten mit Textbeispielen vor, unter denen mich besonders die von Nora Bossong (geboren 1982) und Nadja Küchenmeister (1981) überzeugten. Beide Lyrikerinnen leben in Berlin, beide haben am Deutschen Literaturinstitut in Leipzig studiert. Ihre verknappten Alltagsgedichte spielen in dunklen Märchenräumen, an Tümpeln, in Schuppen, Bunkern, Hinterhöfen, an verwucherten Ortsrändern, wie man sie fast nur noch auf dem Gebiet der untergegangenen DDR vorfindet.

Wer die Leipziger Dichterschule vier Jahre lang besucht hat, dürfte wohl einiges erfahren haben über den Aufbau eines Gedichts, über Bild- und Motiventwicklung, über Rhythmus, Metrum, Reimformen. Was man dort jedoch kaum lernen kann, worüber die Texte der beiden jungen Frauen indes verfügen, sind die besondere Atmosphäre und der je eigene Tonfall, die gestaltete Innenwelt und ihr finsterer Hintergrund, den die Schrecken der Kindheit ausfüllen. Glücksmomente fehlen hier weitgehend.

Diese »Heimat« wirkt seltsam erstarrt, karg und bedrohlich; marode Menschen, auch Füchse, Hasen, Hühner, blinde Hunde und hinkende Katzen bevölkern Haus und Garten. In den mir zugänglichen Gedichten Nadja Küchenmeisters wird ein tristes (Familien-)Milieu sichtbar, Ostberlin, Pankow vermutlich, nach der Wende (man liest bereits Bild), »wachstuch« auf dem Küchentisch, »kein mangel an bier«, eine »schuppenlandschaft, ausgebaut für feuerholz, / gestapelte flaschen. werkzeug in rostigen kisten. / *die sachen haunwa aba ma weg!*«

Das hier vorgestellte, durch versteckte End- und Binnenreime strukturierte Sommergedicht beginnt rhythmisch bewegt. Ein siebenfüßiger Jambus zieht den Leser zusammen mit den »wolken« förmlich in den Text hinein, und der Film der Erinnerungen startet.

Nur Bildfetzen, Bruchstücke werden aufgerufen: Wiesengerüche, das »toter mann«-Spiel des Kindes im Wasser, die in der Vitrine wiederentdeckten Gegenstände, das scheinbar harmlose »kartenspiel zu dritt im gras«. Plötzlich wird aus dem Spiel Ernst und der Vater buchstäblich zum »toten mann«. Doch der abgestumpfte Rest der Sippe behandelt ihn, als wäre er Teil des Vitrinengerümpels. Man setzt das Skatspiel fort und schaut sich nicht einmal nach ihm um. Eine schreckliche Familie in einer krass entfremdeten (Kleinbürger-)Welt aus lauter erstorbenen Dingen. Ähnlich ertönt es am Schluß von Bertolt Brechts Mahagonny-Oper, nur zynischer und aus aller Mund: »Können einem toten Mann nicht helfen.« Ob solche grandiosen Texte in Leipzig noch studiert werden?

Clemens Eich, 1954 in Rosenheim geboren, ist Sohn des Schriftstellerpaares Ilse Aichinger und Günter Eich. Er wuchs in Großgmain bei Salzburg auf und lebte bis zu seinem Unfalltod als freier Schriftsteller in Hamburg und Wien. 1996 wurde er mit dem Mara-Cassens-Preis ausgezeichnet. Das vorgestellte Gedicht ist Band 2 der *Gesammelten Werke* Clemens Eichs entnommen (hrsg. von Elisabeth Eich und Ulrich Greiner, S. Fischer Verlag 2008).

CLEMENS EICH

Ten years after

Ich sehe dich kommen, durchs Milchglasfenster
den Arm,
Dezemberluft deines Sterbens,
Februarwind deiner Geburt,
die Musik ist so schön laut,
daß ich dich nicht hören will.
Hände schütteln,
bis das Skelett sichtbar ist.
Küchenboden unter dem die Schlangen und Echsen kriechen.
Poor boy, they call me poor boy,
weiter, weiter, weiter,
hinaus in den Februar,
Winter mit grünen Wiesen und toten Maulwürfen,
Luft die man nicht atmen kann.
Die Küche ist still,
poor dad, du tunkst die Buttersemmel
in den Milchkaffee,
poor boy, du packst die Atemzüge bündelweise,
schleuderst sie durchs Fenstergitter.

Michael Braun
Poor boy

Ein Glückskind kann man kaum sein, wenn der Ruhm der Eltern alles überstrahlt. Günter Eich und Ilse Aichinger, die Stars der Gruppe 47, verkörperten das Traumpaar der deutschen Nachkriegsliteratur. Als 1945 alles in Trümmern lag, war man froh, in Günter Eich eine neue literarische Leitfigur gefunden zu haben, einen Dichter, der während der Nazi-Zeit zwar im Lande geblieben war, sich aber mit naturmagischen, politisch nicht instrumentalisierbaren Gedichten seine Integrität bewahrt hatte. An seine Seite trat die Wiener Dichterin Ilse Aichinger, die als Tochter einer jüdischen Ärztin der Deportation durch das Nazi-Regime nur knapp entgangen war. Im Juni 1953 hatten beide geheiratet; im Mai 1954 wurde in Rosenheim am Inn ihr Sohn Clemens geboren.

Was tun, wenn man von Geburt an eingekreist ist durch die schöpferische Kraft der eigenen Eltern? Der Sohn vermochte schon früh sein poetisches Talent zu demonstrieren. Von dem Dreizehnjährigen sind einige Verse überliefert, die er dem Vater gewidmet hat. Es sind Stilübungen von einer fast erschreckenden Frühreife. Erwachsen geworden, versuchte Clemens Eich dann in ein anderes Genre auszuweichen – die Schauspielerei. Einmal spielte er den verträumten, für Melancholie anfälligen Prinzen aus Büchners Lustspiel *Leonce und Lena*. Als er dann schließlich doch Schriftsteller wurde, hat ihn die Melancholie nicht mehr losgelassen. »Ich habe gewisse Traurigkeiten«, sagt der Protagonist einer frühen Erzählung, »bin meinen leichten Schwankungen unterworfen und im Genuß gelegentlicher Melancholien.« Eichs Protagonisten überschreiten einen »Grenzfluss«, der nicht nur die Schwelle zwischen den Unheimlichkeiten der Tagwirklichkeit und den Finsternissen des Totenreichs meint, sondern zugleich auch die Grenze zwischen der sinnlichen Anschauung und der Halluzination.

Auch in seinen immer kürzer werdenden Gedichten, geprägt von einem erkenntnisscharfen Lakonismus, hat Clemens Eich Grenzsituationen durchgespielt – und immer wieder den exemplarischen Schnitt durch eine Lebenskurve.

In *Ten years after*, entstanden 1982, vergegenwärtigt er das Sterben seines Vaters. Der Geburts- und Sterbemonat Günter Eichs werden aufgerufen und seine zentralen Motive (z.B. die »Maulwürfe«). Eine Szene der Wiederkehr und der Erinnerung, aufgeladen durch die Töne und Texte unwiderstehlicher Pop-Evergreens. Sowohl der Gedichttitel, der die britische Bluesrock-Band »Ten Years After« zitiert, als auch die refrainartige Zeile »Poor boy, they call me poor boy« – die einen Welthit Elvis Presleys aufruft, der 1972, im Todesjahr Günter Eichs, von der Bluesrock-Formation Chicken Shack genialisch adaptiert wurde – hüllen das lyrische Subjekt ein in eine euphorisierende Klangwolke. Zuerst versucht das Ich Widerstand zu leisten gegen die Präsenz des Vaters – aber immer stärker ergreift die Erinnerung von ihm Besitz. So dass der Autor selbst zum »poor boy« wird: Als sein Vater starb, war Clemens Eich 18 Jahre alt.

Auch der Sohn wurde früh von Vorahnungen des eigenen Todes heimgesucht. Davon spricht ein Gedicht aus dem letzten Kapitel seines 1980 publizierten Gedichtbands »Aufstehn und gehn«. »Der Tod stand schon immer im Vorraum«, heißt es da, »in allen Vorräumen, die ich kannte, / in die das Licht fiel, / zu Mittag.« Am 22. Februar 1998, mitten in der Arbeit an seinem letzten Werk, den »Aufzeichnungen aus Georgien«, hat Clemens Eich diesen Vorraum durchschritten. Er war an diesem Tag wohl zu schnell die Treppen zur Wiener U-Bahn hinuntergeeilt – den Sturz hat er nicht überlebt.

Michael Speier wurde 1950 im badischen Renchen geboren. Er lebt als Schriftsteller, Übersetzer und Literaturwissenschaftler in Berlin. Er ist Gründer und Herausgeber von *PARK – Zeitschrift für neue Literatur* und des *Paul-Celan-Jahrbuchs*. Für sein literarisches Werk erhielt er den Schiller-Preis der Deutschen Schillerstiftung Weimar. Das vorgestellte Gedicht stammt aus dem Band *welt / raum / reisen* (Aphaia Verlag 2007).

MICHAEL SPEIER

joggen im vondelpark

feinmalerei: januarmorgen mit sprühregen
aquarien die schuhe, licht-brüche, radlerinnen
blühen (sehn so vermeer-mädchen aus?), ein gelb
dem 17. jahrhundert geschuldet, spezieller grünton der die
hautpartien bestimmt, und das aus lapislazuli gewonnene
teure ultramarin, sein luxurierender gebrauch, da war noch
der einigermaßen unbeholfne schal, ihr auftritt
auf meiner persönlichen altmeister-auktion blieb
unzugeschlagen, durchsichtig die völlig entlaubten bäume

Michael Buselmeier
Grachtenglimmer

Sehr wahrscheinlich habe ich Michael Speier im Herbst 1976 an der Universität Heidelberg kennengelernt. Ich leitete damals einen Arbeitskreis linker Germanisten, der sich mit der neuesten Alltagslyrik beschäftigte, während er gerade dabei war, eine Zeitschrift für Gedichte zu gründen, deren erste Nummer im Dezember 1976 erschien. Er taufte sie *Park*, ein Titel, der nicht nur mir in diesen streng politischen Jahren irritierend zeitfern vorkam, zumal er auf einen Vers des uns ebenso obskuren Stefan George anspielte: »Komm in den totgesagten Park ...«

Doch Speier druckte in den ersten Ausgaben nicht nur Gedichte von Autoren, die George geistig nahe stehen mochten, sondern auch den kruden Alltag feiernde Verse von Jürgen Theobaldy, Bodo Morshäuser und mir. Bald kamen Texte von Rose Ausländer, Walter Helmut Fritz und Christoph Meckel hinzu sowie neue Gedichte aus dem Ausland in guten Übertragungen, später auch Essays und Rezensionen. So wurde die Zeitschrift *Park*, die Michael Speier bis heute herausgibt, zu einem ermutigenden Beispiel für den Überlebenswillen der Lyrik in poesieferner Zeit.

Als Literaturwissenschaftler hat Speier sich vorrangig um Paul Celans Werk bemüht, was man seinen eigenen Gedichten ebenso wenig anmerkt wie den frühen George-Bezug. Stattdessen scheint der Lyriker bestrebt, divergierende Sprachtöne, Farben und Gesten, die ihm begegnen, spontan in den eigenen Kosmos einzubeziehen, aus welchen Traditionen sie auch immer stammen mögen. So entstehen komplexe, assoziativ gesteuerte Textgebilde aus flüchtigen Eindrücken, künstliche Welten, nicht im streng geformten Sinn Georges, vielmehr wird Literarisches, Musikalisches, auch Triviales locker einzitiert (Fremdsprachen,

Modewörter, Wortspiele, Gemälde wie Comics), oft sprunghaft und ohne auf herkömmliche Verständlichkeit zu achten. Speiers Lyrik hat etwas Schwebendes, Elegantes, sie lebt von Andeutungen und Ahnungen. Während der Dichter ständig in der weiten Welt unterwegs ist und Raum und Zeit sich aufzulösen scheinen, flimmern dem Leser die artifiziellen Zeichen vor den Augen.

Ein von Speier häufig besuchter und bedichteter Ort ist das Szenenparadies Amsterdam mit seinem »grachtenglimmer«, eine enge, unruhig bewegte Stadtlandschaft voller Geschichte(n), in der vieles simultan geschieht und die Farbtöne impressionistisch changieren. Das vorgestellte Gedicht ist im Unterschied zu anderen Texten Speiers knapp gefasst und so kaum mit willkürlichen Assoziationen befrachtet. Auch die Szene selbst stellt sich einfach und leicht nachvollziehbar dar: Ein hellgrauer nasser Januarmorgen im zentral gelegenen Vondelpark; die Bäume sind kahl und lassen »licht-brüche« zu. Die Farben zum Winterbild liefern indes die »radlerinnen«, die wie höhere Wesen am joggenden Beobachter vorübergleiten. Sie »blühen« auf unterm hellen Licht der Poesie, in Jan Vermeers altmeisterliche Farben gekleidet, eine Art »feinmalerei« aus Gelb, Grün und Ultramarin und ein Plädoyer für die Schönheit des Augenblicks.

Volker Sielaff, geboren 1966 in Großröhrsdorf (Lausitz), lebt in Dresden. Seit 1990 publiziert er Gedichte, Essays und Kritiken in Zeitungen, Zeitschriften und Anthologien. Seine Gedichte wurden in mehrere Sprachen übersetzt. 2007 erhielt er den Lessing-Förderpreis. 2011 erschien der Gedichtband *Selbstporträt mit Zwerg* (Luxbooks).

VOLKER SIELAFF

Die Dinge

Es ist nur dieser kleine Ausschnitt im Hof
ein Stück Aussicht, die ich habe von meinem
Fenster. Wenn der Platz unter der Birke

verwaist ist, künden die herumliegenden Dinge
von zahllosen, vorläufig aufgekündigten
Anwesenheiten, ein alter Kessel ohne

Klang. Dann füllt er sich mit Wasser, Stimmen.
Die Kinder kommen in den Hof gelaufen, nehmen
was geduldig war unter der Birke, in Besitz.

Michael Braun
Beiläufige Mitteilungen

»Alles, was man sagen kann, kann man auch beiläufig sagen.« Das ist eine sprachphilosophische Maxime der österreichischen Dichterin Elfriede Gerstl, zugleich eine Kontrafaktur eines Ludwig Wittgenstein-Satzes. Es scheint angebracht, diese Apologie der Beiläufigkeit auch auf die Gedichte Volker Sielaffs anzuwenden.

Denn die beiläufige Mitteilung, die poetische Verhaltenheit, der diskrete Ton – das ist die Schreibbewegung, der sich Volker Sielaff anvertraut. Eine poetische Behutsamkeit, die er bei dem amerikanischen Lyriker Robert Creeley gefunden hat, bei dem es heißt: »Manches wacht auf / selbst durch beiläufige Mitteilung«. Manches wacht auf – es sind nicht nur die Wörter, die im Kontext des Gedichts erwachen und ihre semantischen Strahlungen, sondern auch die Dinge, die mit diesen Wörtern benannt werden. Die Dinge – sie müssen erst in die Sichtbarkeit gelangen, bevor ihnen ein Sinn, eine Symbolik abgerungen werden kann. Es geht zunächst um die Präsenz der Phänomene, um ihre »Anwesenheit«. Da ist zunächst nur eine Feineinstellung auf einen kleinen Ausschnitt im Sichtfeld, eine unspektakuläre Szene, etwa von einem Platz am Fenster aus, an dem sich der Beobachter niedergelassen hat. So auch im vorliegenden Gedicht, das aus einem unveröffentlichten Manuskript mit dem Arbeitstitel *Selbstporträt mit Zwerg* stammt.

Der 1966 in der Lausitz geborene Volker Sielaff, der seit vielen Jahren in Zeitungen und Zeitschriften präsent ist, agiert viel zu zurückhaltend und unspektakulär, um in einem auf starke Oberflächenreize fokussierten Literaturbetrieb aufzufallen. Die diskrete Erkundung dessen, was wir als Existenz erfahren – das ist die Domäne dieses Dichters. Hinter dem Gesumm einer Fliege, einer überfüllten Abfalltonne, dem

Freizeichen im Telefon oder eben einem vergessenen Spielzeug unter einem Baum in einem Hinterhof kann die Erfahrung von Transzendenz durchschimmern. Aber das ist nicht der Stoff, auf den sich die Matadoren der kleinen Lyrik-Community stürzen wollen. Wo andere Lyriker ihrem geschwätzigen Ich die Lizenz zu einer unkontrollierten Assoziations-Rabulistik erteilen, beharrt Volker Sielaff auf Genauigkeit. Bereits in seinem Debütband *Postkarte für Nofretete (2003)* hat er in zögerlich-lakonischer Behutsamkeit nach der Verlässlichkeit unserer Wahrnehmungen gefragt. Und nach der Erfahrbarkeit der Dinge. Auch im *Selbstporträt mit Zwerg* wird das große Ganze erst sichtbar in der Erforschung des Kleinen, Alltäglichen. Volker Sielaff verweist in diesem Zusammenhang auf einen Satz des Franzosen René Char: »Die Fluglinie des Gedichts. Sie müßte jedermann *sinnlich wahrnehmbar* sein.«

GESCHICHTEN

MARKUS ORTHS

Erich, Erich
Auszug

Teil I – Ich

Heut morgen ist es passiert, gegen elf Uhr dreißig. Ich saß am Tisch, starrte vor mich hin, es klingelte, ich ging zum Türöffner, eine Stimme murmelte etwas von Paketpost, ich drückte den Summer, wartete und dachte daran, wie oft ich in meinem Leben auf irgendwas gewartet hatte und wie viel Zeit der Mensch mit Warten verbringt, aber ich konnte meine Gedanken nicht ins Ende führen, denn ein Mann, der ein Päckchen in der Hand hielt, betrat meine Wohnung. Das Päckchen hatte die Größe eines Schuhkartons. Der Mann stellte es aufs Flurschränkchen und fragte: »Sie sind Erich Cramm?«
»Ja«, sagte ich.
»Der Sohn von Hans Cramm?«
»Ja. Wieso?«
Im nächsten Augenblick schlug er zu.
Ich hatte kaum Zeit gehabt, ihn mir anzusehen. Sein Gesicht hatte auf den ersten Blick spanisch gewirkt, braun gebrannt, oliv-grün, mit öligen Haaren und Fusselbärtchen. Er drosch auf mich ein, Haut platzte auf, Blut im Mund erstickte mein Stöhnen. Ich krabbelte durch den Flur, der Mann kam hinterher, zog mich hoch und schlug harte, trockene Schläge. Ich wehrte mich nicht, ich hab mich noch nie wehren können, ich bin zu schwach, mir fehlt der Biss und die Fähigkeit zur Wut. Ich ließ mich hängen wie eine Puppe, hob nicht mal die Hände zum Schutz, wartete auf die befreiende Ohnmacht. Nach einer Weile ließ der Mann von mir ab. Wir keuchten. Er vor Anstrengung, ich vor Schmerzen. Kurz unterschieden wir uns in nichts.

Er sagte: »Wir werden immer da sein.«

Mein Blick war verschwommen. Ich konnte kaum was erkennen. Der Mann ging zum Schuhschrank, hantierte dort, ich konnte nicht sehen, was er tat, er bückte sich, setzte etwas auf dem Boden ab, stand auf, öffnete die Tür, drehte sich um, sagte: »Keine Polizei!«, machte eine hässliche Geste und warf die Tür ins Schloss. Mein Ohr fiepte. Ich drückte es mit dem Mittelfinger zu. Ich schleppte mich ins Bad. Der Hals tat weh, der Magen, der Arm, und das Waschbecken färbte sich rot, als ich mit dem Lappen die Wunden betupfte. Ich glaubte, ein Geräusch zu hören, fuhr herum, aber das war nur verspäteter Schreck. Kopfschmerzen setzten ein, ich kramte in meinem Schrank nach Aspirin, löste zwei in Wasser auf, schluckte sie und ging zurück in den Flur. Der Mann hatte das Päckchen geöffnet und auf den Boden gestellt: Es war leer jetzt, Löcher im Deckel, winzige Luftlöcher, ich blickte den Flur entlang, in die Küche, ins Schlafzimmer, ich sah nichts.

Ich schnappte mir die Jacke und verließ das Haus. Mein Auto stand in der Tiefgarage. Ich fuhr eine Weile durch die Stadt und wusste nicht wohin. Da rollte mir ein Ball vors Auto, ich trat sofort auf die Bremse, kam auch zum Stehen, der Ball tupfte kurz gegen die Stoßstange und hoppelte weiter. Ich wartete auf ein Kind. Aber da kam keins. Die Straße blieb leer. Hinter mir zeigte sich kein Fahrzeug, ich stieg aus und sah nach. Der Ball war liegen geblieben, ein blauer Gummiball, ich nahm ihn vom Boden, die Straße wie leergefegt, ich blickte nach oben und fragte mich, ob jemand den Ball aus einem der Fenster geworfen haben könnte. Ich zuckte mit den Schultern, legte den Ball auf den Bürgersteig, fuhr zurück nach Hause, ließ den Wagen draußen stehen, lief die Treppe hoch, so schnell wie möglich, in meine Wohnung. Von innen drehte ich zweimal den Schlüssel.

Erst im Wohnzimmer sah ich die Spinne, sie war fett, behaart, eine Vogelspinne, eine Tarantel, keine Ahnung, sie saß ganz ruhig dort, in der Mitte des Zimmers, sie schien nichts zu tun. Ich nahm vorsichtig einen Brockhausband aus dem Regal, trat näher, meine Haare richteten sich auf, als hätte jemand mit einer Gabel übers Heizungsrohr gekratzt, und

Bilder kamen, riesige Netze, Höhlen, Gruben, Sauggeräusche. Die Spinne war handtellergroß. Ich zielte, warf den Brockhaus und traf die Spinne nur halb. Mit allem hätte ich gerechnet, nur nicht mit dem schrillen Pfiff, den die Spinne ausstieß, ich hatte immer gedacht, Spinnen seien von Natur aus stumm, aber das stimmt nicht, es war ein klagender, Mitleid erregender Laut, die Spinne zog vier zerquetschte Beine nach und versuchte, sich vom Brockhaus zu entfernen. Ich warf einen zweiten Band, der das Tier vollständig unter sich begrub. Wieder ihr Schrei, diesmal dumpfer, sterbender, ich stellte mich mit meinem ganzen Gewicht auf das Lexikon und hörte ein Pfropfen, das Buch wackelte ein wenig, als ich auf ihm balancierte, und an den Rändern quoll ein orange-gelber Brei hervor. Ich ging ins Bad und übergab mich. Ich zog mir Gummihandschuhe an, packte die Bücher in einen Müllsack, kratzte die Spinnenreste mit dicken Lagen Küchenpapier vom Boden und schrubbte das Blut auf. Ich stellte den Müllsack vor die Tür. Dann betrachtete ich das leere Päckchen. Es war groß genug, um zwei Spinnen Platz zu bieten, dachte ich, hoffte aber, dass der Spanier es bei der einen belassen hatte. Vielleicht, dachte ich, kommt er nicht aus Spanien, sondern aus Südamerika.

Sie sind zu dritt. Bis jetzt. Ich nenne sie Gonzales, Kuttner und Wischnewski. Kuttner war als zweiter da, mitten in der Nacht, ich machte die Augen auf und sah in sein Gesicht, er saß auf meiner Bettkante. Er legte mir die Pranke auf den Mund und drückte mich mit seinem Gewicht ins Bett, ein Riese, eigenartig rot im Gesicht, als wäre er zu lang in der Sonne gelegen, seine Haare blond und gescheitelt, jede Menge Sommersprossen, kleine, wässrige Schweinsaugen, ich nenne ihn Kuttner, er sieht einfach so aus, als hieße er Kuttner. Er blieb eine ganze Weile auf mir hocken. Ich rührte mich nicht. »Wir werden immer da sein!«, sagte er und fügte hinzu: »Wir säbeln dir die Beine ab. Irgendwann, nicht jetzt, aber irgendwann, ganz sicher.« Dann verschwand er. Ich rauchte eine Zigarette nach der anderen und marschierte den Flur auf und ab. Woher hatte er meinen Schlüssel? Wie war er reingekommen? Ich rief am Morgen den Schlüsseldienst und ließ das Schloss austauschen. Als ich erneut ein leises, schmatzendes Geräusch vernahm, verließ ich das Haus und stieg ins Auto. Ich wusste, was ich zu tun hatte. Mir blieb nichts übrig.

    Sind Sie Erich Cramm?, hatte mich der Mann gefragt.

    Ja, hatte ich geantwortet.

    Der Sohn von Hans Cramm?, hatte er gefragt.

    Und ich hatte ja gesagt.

    Ich fuhr los.

    Im Gefängnis lernte ich, dass es so etwas wie Besuchszeiten gab. Ich hatte Glück und musste nur drei Stunden warten. Ich fühlte mich sicher dort, hohe Mauern, Draht, Wachleute, Gitter. Wenn ich hier lebte, dachte ich, könnte mir nichts geschehen, weder Kuttner noch Gonzales würden es schaffen, zu mir zu gelangen, es wäre zwecklos, sie bräuchten es gar nicht erst zu versuchen, aus einem Gefängnis kommt man zwar nicht raus, aber man kommt auch nicht hinein. Eine doppelte Festung, dachte ich. Überlegte, was für ein Verbrechen ich begehen könnte, um hierhin zu gelangen. Dann wurde ich aufgerufen. Ich hatte jedes Zeitgefühl verloren und war überrascht, als das Warten zu Ende war. Man tastete mich ab, sie dachten wohl, ich könnte meinem Vater etwas zuspielen, ein Mittel vielleicht, sich selbst zu erlösen, oder eine Waffe für Befreiungsversuche, ich weiß nicht. Der Raum, in den ich geführt wurde, war weiß getüncht, wirkte frisch und hell, als wären die Maler erst Sekunden vor meinem Eintreten mit dem Streichen fertig geworden. Reflexartig legte ich meine Hand an die Wand, spürte aber nur trockene Kälte. Ich war zunächst allein, ich wusste nicht, ob ich mich setzen sollte. Ich wartete noch eine Weile. Mein Vater kam angeschlurft. Jeder Schritt schien ihm weh zu tun. Er setzte sich, vorsichtig, langsam. Legte seine Hände als Kissen unter die Oberschenkel. Kein Blick für mich. Auch ich setzte mich, ihm gegenüber. Zwischen uns nur Tisch. Er lutschte. Wohl an frisch aufgeplatztem, innerem Backenfleisch. Sein Gesicht zeigte Rötungen, Krusten, Wunden. Er hatte abgenommen. Aß er nichts? Er starrte unentwegt zur Tischplatte, als hätte sein Blick ein irres Gewicht, das nicht zu stemmen war. Wir saßen da, die Zeit verstrich, auch ich sagte nichts, ich wusste, wir hatten nur eine halbe Stunde, irgendwann würde ich sprechen müssen.

Was für ein Unterschied, dachte ich, was für ein Unterschied zum Vater, den ich aus der Kindheit kannte, die ich verlebt hatte in unserem, ja, Palast, kann man sagen, in unserem Palästchen, wie Marc Antonius, der Bluthundhalter, den Bau nannte, und sonntags, also jeden Sonntag, nach der Kirche, gingen wir spazieren, Vater und Mutter Arm in Arm, ich voran, die Hunde natürlich, mindestens drei, Entführung des Kleinen immer im Bereich des Möglichen, Laub, das auf dem Weg lag und in das ich stoßen konnte mit dem Fuß, sodass es aufwirbelte, die Mücken, die uns attackierten, am Flussufer, Lachen der Eltern, Donnern in der Ferne, das den Wetterumschwung ankündigte und die Schritte ins Eilige schob, die Hand, die riesige Hand, die mein Patschehändchen packte, die mich nicht mehr losließ, auch wenn ich es wollte.

Jetzt aber, hier, im Gefängnis, im Besuchsraum, da schwieg mein Vater. Auch ich konnte nichts sagen. Ich war ihm entgegengekommen, ich war hier, bei ihm, obwohl ich mir geschworen hatte, ihn nie zu besuchen, und jetzt schwieg er? Sagte nichts? Ich hatte den ersten Schritt getan, warum tat er nicht den zweiten? Es half nichts. Ich sagte endlich: »Vater.« Er regte sich nicht. Ich erzählte ihm tonlos, was geschehen war. Er sagte immer noch nichts. Ich beschrieb die Männer, ich fragte ihn, ob er sie kenne, ob sie auf der Anklagebank gesessen hätten, ob es einen Grund für die Männer gebe, sich an ihm zu rächen, für das, was er getan hatte, ob sie etwa zu den siebenundzwanzig Familien gehörten, die – mein Vater unterbrach mich mit einer Handbewegung, langsam, bedeutend, als folge er minutiös den Anweisungen eines Regisseurs, eine Theatralik in dieser Geste, die ich sofort und ohne jede Einschränkung hasste, und ich ärgerte mich, dass diese Geste mich tatsächlich zum Schweigen brachte. Ich fragte mich, wie hoch er den Arm nehmen und ob sein Blick der Richtung des Arms folgen und ob er endlich etwas sagen würde, zu mir, seinem einzigen Kind, aber er sah mich nicht an, er hatte mit dem Heben des Arms für Schweigen gesorgt und stand auf, verzog sein

Gesicht, ich dachte noch, jetzt endlich öffnet er die Lippen, um mir zu sagen, was er zu sagen hat, doch nach wie vor blickte er zur Tischplatte, auch als er schon stand und den Stuhl zurückgeschoben hatte, auch da noch sah er nach unten, sein Gesicht kräuselte sich auf merkwürdige Weise, und dann musste er einfach nur niesen. Er nieste dreimal, harsch. Langsam zog er ein Taschentuch hervor und tupfte sich die Nase ab, und ich sah, das Taschentuch war blutig.

    Dann verließ er den Raum.

LISA VERA SCHWABE

Meine kleinen Tiere trippeln
Aus einer Prosasammlung

Auf der Hut

Die Landschaft ist in Aufruhr. Ich sehe Schwärmen von Vögeln zu, wie sie sich beratschlagen und über Plänen brüten. Was haben sie vor? Die Kröten im Teich verhalten sich ähnlich, sie singen ihr Lied leiser und lassen Platz für Interpretation. Der Hund schiebt sich winselnd ums Haus und hat keine eigene Meinung. Wenn es losgeht, darf ich es nicht verpassen. Ich muss auf der Hut sein, ständig wachsam und die Zeichen richtig deuten. Wie lange muss ich noch warten?

Seit Tagen schon liegt etwas in der Luft, ich kann vor Ungeduld kaum still halten. Ich kann auch nicht mehr schlafen, ich weiß ja nicht, wann es passiert. Zum Essen wage ich nicht, mich hinzusetzen, bald gebe ich es ganz auf. Ich weiß, es kann nicht mehr lange dauern, aber bis dahin muss ich warten und nach einer Haltung suchen, die mich nicht verzweifeln lässt.

Die Katzen

Eine Beobachtung: Zwei Katzen tanzten auf einem Bein. Verbeugten sich (wir klatschten) und traten ab. Auf einem Schweinebauernhof haben sich Katzen gesammelt und die Schweinekadaver auf der Rückseite des Stallgebäudes bezogen. Ganze Familien haben sich in den massigen Körpern und Köpfen niedergelassen. Sie richten sich ordentlich ein, schaffen Raum und bringen Kinder zur Welt.

Wohnzimmer

Ich sitze am Tisch. Auf dem Stuhl. Bewege mich, ich raue und glätte den graugrünen Bezug, frische Erbsen, die in Asche gefallen sind, auf Samt. Vor mir auf dem Tisch die Fliege, trocknet. Ich denke, mein Vater kann Fliegen mit der Hand fangen, ruhig, und so will ich Lachse fangen können, in Kanada. Wie mein Vater Fliegen fangen kann, so ruhig, dass die Fliege vom Gefangenwerden nichts merkt. Ich sitze am Tisch auf dem Stuhl und habe gesehen, wie mein Vater die Fliege fängt mit einer Hand. Mit der hohlen Hand hat er sie gefangen, hat ihr kein Bein gebrochen, keinen Flügel abgerissen. Die Fliege stimmt noch, in der Hand von meinem Vater, als er sie gefangen hat. Wenn sie stirbt, vielleicht ein Schock, vom Gefangenwerden, oder weil sie keine Luft mehr bekommt in der geschlossen Hand, in der sie gefangen worden ist, ganz ruhig und ohne dass etwas passiert ist. Mein Vater wartet, bis er die Hand wieder öffnet, so lange, bis er die Fliege nicht mehr lebendig in seiner Hand spürt. Ich höre die Fliege in der Hand brummen, etwas tiefer als an der Luft, und ich höre, wie sie die Beine aneinander reibt. Er tut ihr nicht weh, hat sie nur gefangen, ruhig mit einer Hand. Jetzt geschlossen. Ich sitze auf dem Stuhl am Tisch. Nach Kanada will ich, muss ich, um mit einem Floß den Fluss hinunterzufahren. Da gibt es Lachs, den fang ich mit einer Hand und halte ihn fest, weil ich die Tochter meines Vaters bin. Weil ich ruhig bin und sein muss. Weil ich sonst keinen Lachs fange mit einer Hand. Graugrün ist der Stuhlbezug und ich schreibe meinen Namen in den Samt. Querstriche sind nicht einfach.

Getrocknete Fliegen kann man zu Staub zerpulvern. Von außen sehen sie lange noch so aus, als hätten sie sich gerade nur zum Pausemachen hingesetzt, man sieht gar nicht, dass es sie nicht mehr gibt. Sie wahren den Schein und geben sich ganz. Eine vertrocknete Fliege wiegt weniger als eine noch fliegende. Innen ist alles weg, deshalb der Gewichtsverlust. Ich stecke die getrocknete Fliege in eine Streichholzschachtel. Ich habe auch

Hummeln, die kann man streicheln, auch vertrocknete noch. Nur sehr behutsam, weil man sie sonst knisternd zerdrückt.

Der Schmetterling

Im Winter hat mich ein Schmetterling angeblinzelt. Ich war gerade wach geworden, da saß er schon da. Ich machte mir Tee mit Milch, und er nahm ein paar Schlucke, soff dann die halbe Schale leer, so dass mir kaum etwas blieb.

Der Nachtfalter

Oder die Motte. Da ist man sich nicht sicher. Trägt Gold auf dem Gefieder. Verlor ein Bein und rieb sich die Hände. Ist alt geworden und hat Gebrechen.
    Oh weh. Ein Gekreisch ohne Ende.

Hals

Einmal verlor der Vater seine Stimme. Eine Krähe war ihm in den Hals geflogen und hatte seine Mandel herausgepickt, nur die eine, die rechte. Es überraschte uns alle, ihn wohl am meisten. Er war immer ein guter Redner gewesen. Konnte beim Sprechen Haken schlagen wie ein Feldhase und Kreise ziehen, sich fortbewegen (über den nächsten Hügel) und mit unerwarteter Leichtigkeit zurückkommen. Jetzt frisst er Sägespäne und trockenes Heu, gemahlene Steine und Kleister. Die Lippen kleben am Zahnfleisch, die Zähne stehen aus dem Kiefer wie Stelen aus dem Wasser beim Hausbau. Weiß der Teufel, wie das passieren konnte.

Dass es eine Krähe war, darüber sind wir uns einig. Meisen würden so etwas nicht tun, und Raben sind vom Aussterben bedroht. Mit dem Fernglas am Gürtel und der Pulle im ledernen Rucksack sucht er das Mistvieh und will es zur Rede stellen. Ich laufe neben ihm und komme nicht zu Wort.

Aus dem Hinterhalt

Meine kleinen Tiere trippeln. Sie machen wenig Aufsehen um sich. Begnügen sich mit sich selbst und verlassen das Haus kaum. Sie gehören hierher, das wissen sie, und woanders gibt es keinen Platz, selbst für so kleine Tiere nicht. Kommen Besucher, sind sie Gastgeber, bieten Tee oder Kaffee an und laden ein zu bleiben. Sie sind gute Unterhalter, haben immer wieder ein Rätsel oder einen Witz parat und wissen, wie man die Leute bei Laune hält. Sie zeigen das Familienalbum und nicken bescheiden. Sie wissen, sie sind sorgfältig, haben Beschriftungen und Notizen gewissenhaft festgeschrieben und lassen keine Seite aus. Wird dem Besucher die Zeit zu lang oder die Luft zu knapp, vertrösten sie ihn auf später und verschließen die Tür gegen den Zug. Bekommt dem Besucher das Gebäck nicht, sorgen sie sich um ihn, streichen ihm übers Haar und reden ihm gut zu, wenn er sich über seinem Tellerchen zusammenkrümmt.

Sie singen ihm ein Schlaflied und sagen: Alles wird gut. Dann spießen sie sich durch die Oberhaut.

Marc Oliver Rühle

Borgward Isabella
Reisen machen Reisen, beginnen Reisen.

1

WIR FAHREN ZUM MEER VOR. Kommen aus schattigem Hinterland und beginnen im staubigen Fotoalbum zu blättern. Ich zeige und sage, schau Großmutter, dort ist das Meer, und stoße meinen Zeigefinger an der Windschutzscheibe. Ich spreche, als wüsste sie nicht, dass es so etwas gibt. Mein Fingerabdruck liegt auf der Abendsonne. Großmutter kommt zu sich und sagt, ich erkenne das Blau, und wie schnell die Kilometer vergehen, so wie die Jahre, denke ich. Wir biegen auf eine in Kurven gelegte Küstenstraße ein, die Urlaubsidyllen miteinander verbindet. Dabei sehe ich im Rückspiegel ihre Bäckchen rosa leuchten. Schon die Landschaft haucht uns Leben ein, spreche ich vor mich hin und führe meine Augen zurück auf die Straße und überfahre die Mittelstreifen, während Großmutters trüber Blick wieder hinter ihren Lidern und aus meinem Rückspiegel verschwindet. Die Blume in Großmutters grauem Haar staucht gegen das Fenster. Ich fühle regelrecht den Druck der Scheibe auf die Blütenblätter und denke, wie hatte Vater uns den Ausflug versprechen können? Von Anfang an! Sag mir, wie? Vater auf dem Beifahrersitz, schweigt, überlegt, schließt Frieden und zwei Hemdknöpfe zum Hals hin. Weißer Stoff. Beginne deine Fragen zu stellen, forderte Vater vor der Abreise. Er kurbelt mit seiner starken Hand das Fenster in die Tür. Er spricht ein Wort nach draußen, das sich schön anhört, und auf der Rückbank fliegt nun Bruder der Fahrtwind durch die Locken. Vaters Stimme drinnen mischt sich mit unserem Motorengeräusch. Ich vergesse sein Wort und Vater und habe nur noch einen Klang im Ohr. Die silberne

Borgward Isabella braust in unmittelbarer Nähe des Meeresspiegels über den schwarzen Belag und verwischt die aufgereihten Pinien am Straßenrand zu hellgrünen Schleiern, hinter denen Mutter ihr Gesicht wahren will. Und Bruder, nachdem ich mich umdrehe, wendet sich weg und lässt meinen Blick leer zurück.

2

BRUDER SIEHT MICH NICHT. Er sucht die Strecke ab, den sonnenlichtspiegelnden Asphalt, nach Reifenspuren, nach Hindernissen im Album und möglichen Richtungen auf den folgenden Seiten. Bruder hat die Rückreise im Auge und die Sonnenbrille auf der Stirn, den linken Arm auf Mutters Schoß. Dröselt den Stammbaum über den Schlaglöchern auf und erfindet rückblickend Kinder, die uns vorwärts begegnen, von vorn fantasiert und denkt er, Tochter und Sohn begegnen ihm am Ende. Bruder lässt die *Borgward Isabella* mit seinen Worten eine Masche in Mutters hübsches Kleid fahren. Mutter wischt die Träne vom Fahrtwind über ihre Wange und sagt, ich kenne diese Stelle, als wäre es gestern gewesen. Indem wir eine zierliche Ortschaft mit Hafen durchqueren, sagt sie das in beherrschtem Ton. Unvergessen nennt Mutter das Wäldchen hinter der Friedhofsmauer, die wir im Augenwinkel erkennen können, und wir kreuzen ihr Postkartenmotiv mit Kirchturm und stehen hüfthoch in ihren Beschreibungen. Sehen die Eingangshalle des Provinzbahnhofs, in der Vater wartet, der Vater, der Beifahrer, der mit dem Fenster den Mittelmeerabend nach draußen kurbelt und Bruders wehendes Haar beruhigt, schweigt und auf die Straßencafés starrt, als Mutter das Zugabteil verlässt und das Gefühl nicht erwarten kann. Hören Mutter zu, wie sie hier und nicht allein war. Hören, wie die Seiten des Fotoalbums beim Umschlagen an ihren Brüsten schaben. Ich sehe die Sommernacht an, die ich mir vorstelle, die schwüle Nacht, aus der ich kam, und frage Vater mit Mutters Worten, hast du das gewollt, und Großmutter greift mit Mutters Hand in Vaters Sätze, während er neue Ansichten zu unseren Erinnerungsfotos klebt. Die *Borgward Isabella* rauscht durch das Ortsende und aus dem Fotoalbum, das Mutter an ihr Herz presst. So, dass sie mit ihrem Ellenbogen Bruder in die Seite sticht und er mich fragt, du, wann werden wir wohl endlich angekommen sein?

3

UNSERE *ISABELLA* IST AN DER ZEIT. Sie ist das Gefährt dafür, was wir uns angetan haben, und wir fahren hindurch. Ich denke an die Masche, die Familien sich einlaufen und pflegen. Zum Verschweigen, denke ich, sind Fotoalben angelegt. Hat Großmutter vergessen zu fotografieren, als Vater sich in Mutters Motiv zwängte? Welches Porträt war nie gewollt? Ich sehe in der Windschutzscheibe laufende Bilder flimmern. Mit Großmutter, wie sie einen Apfelkuchen bäckt, als Reiseproviant. Sie bringt Teig in ihre Form. Eine runde Sache. Das Blech ist heiß, aber sie kennt die Griffe. Es sind die Großvaters und sein Blech ist ein Gewehr und jeder Schuss riecht nach Schuld statt nach Mandel und ich bedränge das Gewissen mit unserer *Borgward*, und wenn Vater die Tür öffnete, würde sich der silberne Lack daran aufreiben. Was, wenn er nie geschossen hat? Mutter erinnert sich besser als ich an seine Narben, die Striche von Streifschüssen, doch was wäre an der Familienmasche verändert worden, wenn wir darüber geredet hätten? Als ob das Fingerspitzengefühl zurückkommt, nachdem ich meine Hände lange im Schnee aufgehalten habe, so, als hätte ich mich darin aufbewahrt, fühle ich mich und löse instinktiv den Zigarettenanzünder aus. Er schnippt zurück und ich wünsche mir, dass Vater mit diesem Klicken vor seinen Gedanken erschrickt. Für alle anderen war es eine Anstrengung, das Geräusch nicht zu beachten, außer für Bruder, der seinen Kopf in Mutters Schoß zum Schlaf legt, zu dem Großmutter ihn gedrängt hat, mit falschen Geschichten aus Großvaters Kriegszeit und der Stunde null in Großmutters Ofen. Nur Mutter sah hinein. Ganz allein. Ich könnte danach fragen. Nach Munition und Verstecken, nach Tagebüchern, Protokollen, Parteibüchern, Akten. Solange ich am Steuer sitze, bestimme ich das Tempo meiner Antworten. Die Richtung, die meine Herkunft einschlägt. Die Strecke, die Großmutter mit Worten legt, wie eine große Straße bei Rommé. Während Großvater am Tisch sitzt und seinen Zigarrenstummel an die glühenden

Anzünddrähte drückt und mit mir am nächsten Morgen Fallobst sammeln fährt, für Großmutters Kuchen und für Mutters und unser Schweigen, wenn wir alle den Mund vollhaben und es uns schmeckt, was wir kauen und herunterschlucken, die Schlagsahne auf den Stücken, die Großmutter noch mit Vanillinzucker verfeinert. Damit ihr Rezept immer aufgeht, wie die Hefe und der Straßenbelag.

4
ICH RIECHE UND ATME ZUGLEICH. Großvater, denke ich, verhält sich irgendwo auf einer Terrasse am Meer auffällig altmodisch und beugt sich mit seinem süßlichen Pfeifentabakrauch über eine Brüstung in den Spätsommer. Zufrieden wie immer, sagt Vater und auch Mutter und sie denkt sich sein weiches, maßgeschneidertes Sakko zum Frieden dazu. Aus Finnland, sagt Großmutter und ist ganz da, ist wach, während ich mit der Fahrbahn verschwimme, sie hat die Erinnerungen gebündelt und geschnürt, den Sitzplatz mit Vater getauscht. Wollte vor, beim Enkel sitzen und geradeaus sehen. Greift vor, in dem sie von Großvater erzählt und ihn vertuscht und Mutter verneint und unser Verschweigen anzählt. Großmutter ergreift Großvaters Worte und fällt Mutter ins Leben. Greift mir ins Lenkrad und dreht die *Borgward Isabella* im Kreis und stutzt die Geschichte, verkürzt den Weg, auf dem wir uns irren und uns damit ablenken, im Familienalbum weiter nach vorn zu blättern. Wir pressen die Augen zusammen und ich traue mich nicht, nach mir zu fragen, und muss es wie alle anderen machen, die Angst haben, sich zu verraten, oder wie ich, Großmutter zu erschrecken und Mutter. Da unterbricht sie mich und sagt, ich kann es nicht erwarten, ihn wiederzusehen. Mutter schwärmt und fühlt, dass Großmutter sie nicht hört und sich selbst missverstanden weiß. Beide, bedenke ich, aber schweige ich, bete ich in die milde Luft der Ausflugsroute und der Bruder auf der Rückbank zählt die Schiffe, schätzt die Seemeilen, überschlägt die Jahre, ermisst die Erwartung, die wir hegen, und versucht zu begreifen, dass wir gemeinsam zur blauen Stunde hier sind. Bruder kneift Vater in den Handrücken und Vater ist echt und sitzt neben Mutter und sieht mich an und ich bemerke,

wie ich mich von zwei Fremden im Rückspiegel überwachen lasse. Im Seitenspiegel rollt sich unser Rückweg zu einem Rollfeld aus und die langsame Nacht vor uns ab. Damit sie in Rottönen am Horizont abheben kann, mimt sie eine Bilderbuchdämmerung und ich sehe, wie Großmutters Kopf mit Großvaters Wahrheit darin zur Seite kippt. Ich konzentriere mich, unsere Fahrt über die Steilküste zu Großvater fortzusetzen. Manchmal gehen meine Arme mit mir durch und die Pedale übertragen das Zittern meiner Beine.

5

DANK DES FERNLICHTS KOMMEN WIR WEITER. Großvater weiß, wir nähern uns unaufhaltsam, und tropft seine Glut auf die Porzellanschale mit den blauen Schwertern, erinnert sich an Mutter auf dem Schoß und Mutter wippt mit zwei Zöpfen hin und her und lacht mit Großvaters Gesichtszügen durch die Windschutzscheibe und Großvater berechnet ein Tragwerk in Gedanken und auf seinem Schoß sitzt Mutter, als Großvater die *Borgward Isabella* aus der Garage rollt, an seinen Rosenstöcken im Vorgarten entlang, und Mutter breitet die Ärmchen zu Tragflächen aus und hebt mit aufgeblasenen Bäckchen ab. Ein bisschen Spucke zerstäubt am Autoglas. Ich fliege für einige Kilometer mit meiner ausgestreckten Hand hinterher, Jahre hinterher, lasse meinen Flügel dann an der Fahrertür herunterhängen, spüre, wie das Metall abkühlt und die Scheibenkante in meine Haut drückt. Die Nacht duftet nach Obstbäumen und Meersalz. Äpfel und Kirschen ziehen Äste zu Vater, und Großmutter zieht Vaters gewohntes Schweigen über ihre Lippen und wir denken, sie ist weggenickt. Wir reden nicht über den kalten Metalllauf und den handwarmen Griff, als Großmutter das Kuchenblech auf die Zwiebelmusterfliesen fällt. Großvater Hand in Hand mit Mutter. Ihre Wangen verweint und von mir keine Rede, als durch das Schiebedach die Sterne fallen und die Möglichkeiten sich so vergangen anfühlen, weil wir uns damit abgeben, in übertriebene Geschwindigkeiten zu fliehen. Wir fliehen und Großmutter stützt sich an den Ziffern der Tachoanzeige und Bruder spult seinen Walkman zum Anfang zurück. Manchmal prallt das Fernlicht auf Ortsschilder und Baumrinde, manchmal schließe ich Sekunden in Träume und mache Träume aus Bruders Liedern, die er in seinem Walkman verstaut hat. Manchmal schieße ich Sekunden gegen die Leitplanken vor dem Meer. Dann meldet sich Bruder zu Wort mit Mutters Sätzen. Das sind keine Liedzeilen. Er ist enttäuscht und wir schauen betreten und überholen eine langsamere Frage, indem wir auf die Gegengerade geraten, und ich sage, entschuldigt mich, ihr habt mich verschwiegen, und Mutter verweist auf Nebensätze, in denen sich Großvater vor uns versteckt, mit dem Kriegssouvenir, der warme Griff, die Streifschüsse aus Nebensätzen, in denen Großvater sich versteckt hält und vor denen wir in diese Stundenkilometer flüchten.

6
WIR HALTEN SEKUNDENSCHLAF IM KINDERZIMMER. Machen Rast vor der Elefantentapete, eignen uns Leerstellen an, naschen Proviant, trinken von unserer Zeit. Vater nimmt mich auf den Arm, in seinen Augen sehe ich meine Pupillen, von Mutter vererbt, und meine Ahnung ist die eines Kindes. Heute, denke, fühle, erkenne ich seine Hände, wenn ich sie benutze. Wir parken mit dem Hinterreifen auf Bruders Teddy und unter der Motorhaube rauscht das Meer und Großmutter fragt, was ist das? Ich mache einen neuen Fingerabdruck auf die Nacht hinter der Scheibe und sage, Großmutter, das ist der Himmel und zu dessen Füßen wartet Großvater knietief im Sand. Sie flüstert in den Ledersitz und fragt, glaubst du das? Mutter, Bruder und Vater lehnen am Kofferraum und ich sehe drei Schemen im Rückspiegel wanken und suche vorsichtshalber auf der Landkarte nach weiteren Zeugen. Mutter steigt ein und schlüpft in ein schwarzes Kleid aus Großmutters Stoff und Bruder verschwindet in Vaters Schatten. Ich verliere mein Fingerspitzengefühl am Zündschloss und eine Welle schwappt in diesen Moment und in meine Geschichte und an unseren linken Kotflügel und spült Mutter Salz auf die Lippen und Großmutter Sand in die Augen. Ich fange das Salz mit der Zunge und Vaters Gesicht verschmiert an der Fensterkurbel und er verwischt seine Hände an meiner Anzugshose und streicht sich aus dem

Fotoalbum, als Mutter eine Seite mit einer Aufnahme der *Borgward Isabella* aufschlägt, die zeigt, wie sie auf die Brandung zusteuert, und Großvater, der einen neuen Nebensatz beginnt, als Mutter aufschreit. Einen Nebensatz, den ich seit Kindesbeinen erbete und verschweige. Ich trete das Gaspedal durch. Staub wird aufgewirbelt, der sich auf die Motive senkt und Mutter im Schwarzweiß der Aufnahme verschwinden lässt wie unter Schnee, und Großmutter wacht über den Schnee und wacht nicht mehr auf.

7
DIE NEGATIVE VERSTREUEN SICH AUF DER ABLAGE. Der leere Film aus Großvaters Kamera fliegt durch den beschleunigten Wagen, Großvater lässt mich die unbelichteten Motive zu einem milchigen Meer zusammenfügen und meine müden Augen nicht wegsehen. Das Autoradio rauscht. Irgendwo da draußen wird der Tag mit den Vögeln beginnen und meine verschmierten Fingerabdrücke auf der Windschutzscheibe bezeugen, dass ich berühren kann. Als mir das Morgenlicht über den Rückspiegel ins Gesicht sticht, spreche ich kleine Sätze vor mich hin. Auch wenn es ein noch junges Leben ist, sage ich und mich hört nur die leere Straße, muss es verschweigen, was man vermutet, denke ich. Und die Gestalt, die mir aus der Weite zu eigenen Antworten verhilft, dort am rechten Straßenrand, kommt immer näher. Aus der sich auflösenden Entfernung tritt ein fremder Mann und mit den Metern kauert Vater auf der Fahrbahnmarkierung. Ich verführe mich zum schnellen Atmen und bremse, denke ich, wenn er sich bewegt, und ich starre ihn an und Vater winkt im Seitenspiegel. Als ich meinen Mund verschließe, meine Lippen aufeinander presse und auf ein Negativ beiße, winkt Vater dem Meer zu, als grüße er Großvater, den wir nicht erkennen, und ich verschweige, was ich sehe, und der leere Bruder aus unbelichteten Negativen lebt in seinem Walkman auf der Rückbank und zu seinen Füßen schlenkert das Gewehr, sobald ich die *Borgward Isabella* beschleunige. Und ich greife nach dem lauwarmen Griff, um mich zu vergewissern, und fasse danach den kalten Metalllauf und mein Handgelenk wird vom Gewicht auf die

Fußmatte gezogen und ich denke an die ausgelösten Schüsse, in blauen Stunden, aus denen Großmutter für mich immer noch Großvaters Nebensätze schlägt, und ich beginne ihnen zuzuflüstern, dass im Rückspiegel Vater am Straßenrand lügt, und ich schäme mich ausgedacht zu sein, und Vaters Schweiß rinnt mir über die Stirn in Mutters Wahrheit, als ich das Steuer herumreißen will, um mit ihnen gemeinsam den Gedanken nicht zu Ende zu führen, wie ich am Leben sein kann. Ja, wir erkennen uns, so schnell vergehen die Jahre, Großmutter, und wie du siehst, liegt überall Meer, wo die Geschichte nicht übereinstimmt mit meinen Vorstellungen. Ich kurble mit letzter Kraft das Fenster in die Fahrertür, gleich wird der Wind viel schneller sein.

Heike Geissler

Sorgen, Sorgen, nur nicht heute
Teil 1: Geld

Dienstag

Jenny fährt in die zweite Etage eines Hauses in der Innenstadt. Sie betritt die Räume der Wirtschaftsberatung. Am Empfang sagt man ihr, Herr Michner hole sie sofort ab, und dankt ihr für ihre Geduld. Jenny möchte sagen, dass sie noch gar nicht geduldig war, dass sie auch grundsätzlich nicht geduldig sei, aber da kommt bereits Herr Michner mit ausgestreckter Hand auf sie zu.
    Herr Michner: Guten Tag. Geht es Ihnen gut? Haben Sie den Weg gefunden? Möchten Sie ablegen? Es ist sehr kalt draußen. Wie schön, dass Sie die Zeit finden konnten.
    Er bringt Jenny in ein Büro mit gläsernen Wänden.
    Herr Michner: Möchten Sie etwas trinken?
    Jenny schüttelt den Kopf.
    Herr Michner: Ich habe dennoch zwei Gläser gebracht. Falls Sie etwas möchten, nehmen Sie sich einfach. Beginnen wir. Ich will Ihnen dieses Angebot nicht vorenthalten. Hier ist eine Broschüre für Sie. Sie sehen darin ein Modellleben aus Studium, Berufsstart, Karriere, Heirat, Geburt eines Kindes, beginnendem Vermögensaufbau, Existenzgründung, Erwerb von Immobilien, Erben und Verschenken, schließlich dem Erleben von wirtschaftlicher Freiheit und finanziellem Schutz. Das sind die Themen, die für die meisten Menschen in dieser Reihenfolge im Leben wichtig werden. Welche dieser Themen sind wichtig für Sie?
    Jenny zuckt mit den Schultern.

Herr Michner: Ich kreuze dann einfach mal einige Themen für Sie an. Sie dürfen mir gern widersprechen.

Gibt es in den bisher nicht angekreuzten Lebensabschnitten etwas, das Sie auch noch interessiert?

Ich kreuze alles für Sie an.

Wie sieht es mit ihrer Grundabsicherung aus?

Unsere Qualität prägt übrigens den Markt. Wir praktizieren die Zwei-Gewinner-Idee!

Jenny nickt.

Herr Michner: Ich möchte Sie informieren, wie unser Verhältnis abläuft. Zuerst Punkt eins: Das ist bereits erledigt. Wir machen einen Termin für ein Treffen. Zweitens, das ist heute: Wir führen ein persönliches Gespräch und erfassen Ihre Daten, so dass wir die beste Grundlage haben, Ihre Absicherung zu gestalten.

Zwischenzeitlich wird eine persönliche Finanzstrategie für Sie entwickelt. Diese ist hundert Seiten stark und besteht aus einer Analyse des Ist-Zustands, einer Prognose für die Zukunft aus dem Ist-Zustand ohne das Mitwirken von Horbach und einer Prognose für die Zukunft unter Mitwirkung von Horbach. Können Sie sich vorstellen, dass Ihr Leben mit Horbach anders aussieht als ohne?

Jenny nickt fragend.

Herr Michner: Richtig. Wissen Sie, alle Menschen verdienen finanziellen Schutz und wirtschaftliche Freiheit. Wenn Sie zehn Jahre warten, also zehn Jahre nicht hundert Euro monatlich sparen, haben Sie schon fast 70.000 Euro verloren. Stellen Sie sich das einmal vor. Wie klingt das für Sie?

Jenny: Das klingt alarmierend?

Herr Michner: Richtig. Daraus ergibt sich eine Strategie, die wir für Sie erarbeiten. Diese Strategie, inklusive der Analyse Ihrer Daten, erhalten Sie beim dritten Treffen. Dann unterschreiben wir auch den Vertrag. Wollen Sie nun die Vorteile und Nachteile einer Zusammenarbeit mit uns zusammenfassen?

Jenny: Ich weiß nun, dass sich Nicht-Sparen nicht lohnt?
Herr Michner: Jawohl.
Jenny macht Herrn Michner allerlei Angaben zu ihren Einnahmen und Ausgaben.
Jenny: Derzeit warte ich leider eher auf Geld, als dass ich welches hätte.
Herr Michner: Das ändert sich demnächst, ich bin sicher. Möchten Sie mir nun noch sagen, wie Sie unser Gespräch fanden?
Jenny: Ich fand dieses Gespräch gut, weil es mir gezeigt hat, dass Nicht-Sparen sich nicht lohnt?
Herr Michner: Sehen Sie, Vertrag kommt wirklich von vertragen.

Mittwoch

Man muss gar nichts machen. Es vergeht nur Zeit und alles ist anders, ohne dass sich etwas verändert hätte.

Jetzt ist plötzlich alles zerschlissen und fällt gleich auseinander, und wie soll Jenny da wieder heil herauskommen. Jetzt kippt gleich jedes ihrer Zimmer zur Seite und wirft sie ab wie Dreck.

Bis zum Mittag sah alles gewöhnlich aus, aber nun ist etwas zu Ende, die Dinge sind gleich völlig kaputt und Jenny ist auch kaputt und hat schon Falten, und es ist jetzt grundsätzlich zu spät. Jenny meint: Das bleibt jetzt immer so, dass ich hier sitze mit einer zerreißenden Jeans, ohne Aussicht darauf, mir eine neue kaufen zu können. Das bleibt doch jetzt immer so. Das ist ja schon lange so. Herrjemine.

Drei Tassen gehen zu Bruch, Jenny hat jetzt nur noch zwei. Wenn das so weitergeht!

Sie ist mit Freunden verabredet. Es ist überhaupt kein Geld da. Das fällt jetzt auf wie ein Fenstersturz.

Donnerstag

Jenny erfährt, sie habe doch einen Beruf, der vor allem aus Freude, Leuchten und Brennen bestehe und der so gar nicht zu transformieren sei in Zahlen und Rechnungen und Geld. Passender dazu habe man ein Anliegen, das nur darauf warte, von einer wie ihr bearbeitet zu werden. Liebe Jenny, geben Sie das Ergebnis Ihrer Arbeit bitte in drei Wochen bei uns ab.

Jenny versucht an Geld zu glauben, an das Vorhandensein von Geld auf ihrem Konto. Sie meint, es komme auf die richtige Einstellung an. Also, das muss doch gelingen! Es muss doch möglich sein, Geld zu haben, wenn man Geld haben will. Sie versucht den Trick so zu benutzen, als hätte sie ihn nicht schon oft erfolglos benutzt.

Jenny steckt die Geldkarte in den Schlitz des Automaten und lächelt, denn sie will das Vertrauen der Maschine gewinnen. Die Maschine sagt jedoch, leider reiche Jennys Verfügungsrahmen nicht aus.

Jenny lächelt, als wäre nichts geschehen.

Sie kaut jetzt auf dem Brennen und Leuchten herum. Aber das Brennen und Leuchten ist alle, bevor Jenny herausfinden kann, wonach es eigentlich schmeckt.

Dann isst Jenny eben Zeit. Zwar hat Jenny eigentlich keine Zeit, aber sie nimmt sie sich einfach. Zeit schmeckt ihr nicht so richtig, sie schluckt nur jene Teile der Zeit, in denen das Warten auf das Geld kaum noch auszuhalten ist.

Den Rest der Zeit spuckt Jenny in den Hinterhof. Die Zeitreste stapeln sich schon bis zum vierten Stock. Sie wird, wenn sie weiterhin warten muss, bald aus ihrer Wohnung im fünften Stock steigen, auf der Zeit zum Platanenwipfel gehen und diesen Brief wie eine Piratenfahne an einen Ast stecken können:

Sehr geehrte Frau,

wie Sie sicherlich wissen, sind Sie und wir gebunden. Sicherlich haben Sie uns im Alltagstrubel vergessen. Das kann passieren.
Wir wollten soundsoviel Geld von Ihnen. Wir wollen mittlerweile noch ein bisschen mehr Geld von Ihnen, weil Zeit vergangen ist, in der Sie nicht zahlten, und weil es nun einmal so sein muss und wir es so haben wollen.
Wir wollen das Geld sehr gern haben, und wie wir wissen, wollen Sie es uns ebenso gern geben.
So ist es auch am besten. Wenn es nicht so wäre, wäre wirklich alles anders, und wie sähe dann die Welt aus. Das wollen wir uns gar nicht ausmalen.
Sollten Sie uns das Geld nicht geben, wovon wir nicht ausgehen wollen, müssen Sie uns demnächst bedeutend mehr Geld geben.
Es liegt uns am Herzen, Sie immer umfänglich über alle Ihre Möglichkeiten zu informieren.

Mit freundlichen Grüßen
Ihr Unternehmen X

Freitag

Zwei mittelalte Männer stehen vor Jennys Tür und fragen, ob sie das Amt kenne, ob das Amt eine Rolle in ihrem Leben spiele, ob sie nicht auch glaube, dass mit dem Amt alles viel einfacher sei, weil der Mensch dann nicht mehr allein, sondern in seiner Bedürftigkeit unter seinesgleichen sei. Sie selbst hätten große Skepsis gehabt, ja, seien gar gegen das Amt gewesen, aber dann hätten sie dem Amt eine Chance gegeben und gemerkt: Ja, das Amt ist streng, aber das Amt ist auch gut, denn es fordert und fördert. Es fördere auch sie, wenn sie nur wolle und erscheine, indem sie über ihren Schatten springe. Demut, sagen die zwei Männer, klinge nur altmodisch, sei es aber nicht.

Wogegen sie sich also wehre! Wie sie sich so sträube! Das beweise doch nur, wie sehr sie das Amt benötige.

Da geht Jenny los, weil sie ja nun auch nicht weiß, was los ist, was geschieht und wann das Geld endlich kommt.

Das Amt ist eine Expertenanstalt, nichts für Anfänger, das merkt Jenny gleich. Jenny findet kein Schild, das ihr den Weg weist. Sie stellt sich, um irgendwo anzufangen, an eine von acht Schlangen an und erhält von der Frau hinter dem Schalter eine Nummer. Die Frau sagt, diese Nummer werde ihr ganzes Leben lang zu Jenny gehören. Jenny rechnet, wie lang das Leben noch sein könnte, und stützt sich an den schwarzen Granit einer Blumenbank und wird beobachtet über die Geländer der höheren Etagen hinweg. Alle, die anstehen, die sich suchend umsehen, die nicht herumgehen wie Kundige, wie Bewohner des Amtes, dieser Anstalt, fallen auf und werden beobachtet.

Jenny steigt eine Treppe hoch. Das Haus ist innen gebaut wie ein Gefängnis. Jenny muss mal.

Sie sieht sich um, weiß gar nicht, was sie fragen soll. Wo ist denn die Gästetoilette? Wo ist denn die Besuchertoilette? Wo ist denn die Kundentoilette?

Sie fragt eine vorbeieilende Angestellte: Wo ist denn das Klo?

Der Angestellte weist auf die Tür hinter sich und eilt sofort weiter.

Jenny sitzt in einer allgemeinen Warteinsel, deren zwei metallene Sitzreihen sich wie Schlangen aneinander drücken.

Jenny wird aufgerufen, sie sieht sich um, entdeckt am Ende des Ganges schließlich eine Frau, die sich, kaum dass Jenny aufsteht, abwendet und auf eine offene Tür zugeht. Aus der Tür fällt Licht und beleuchtet den ansonsten dunklen, langen Gang. Jenny erreicht das Zimmer. Die Frau sitzt, als wäre sie nie aufgestanden, als stünde sie nie auf, als wäre

nicht sie auf dem Gang gewesen, um Jenny aufzurufen. Bin ich richtig, fragt Jenny.
    Die Frau sagt nichts.
    Jenny fixiert die Schwertlilie auf dem Fensterbrett, zählt die Etagen des Neubaublocks gegenüber. Sie macht die gewünschten Angaben zu ihrer Person.
    erste Angabe
    zweite Angabe
    dritte Angabe
    vierte Angabe
    fünfte Angabe
    sechste Angabe
    siebte Angabe
    achte Angabe
    neunte Angabe
    neunte Angabe doch nicht
    zehnte Angabe falsch
    elfte Angabe Moment
    zwölfte Angabe bitte weiter
    dreizehnte Angabe trifft nicht zu
    vierzehnte Angabe aber ja
    fünfzehnte Angabe wie bitte
    sechzehnte Angabe das ist leider so
    siebzehnte Angabe ich lebe aber von so wenig Geld
    wenn Sie das nicht glauben, glauben Sie es eben nicht, Sie müssen mir ja nicht glauben, von wie wenig Geld ich lebe
    achtzehnte Angabe ja, aber ich bin nicht hier, um mich zu beruhigen
    neunzehnte Angabe nein
    zwanzigste Angabe sicherlich
    einundzwanzigste Angabe das kann ich nicht sagen
    zweiundzwanzigste Angabe
    Die Angestellte gibt Jenny einen Stift.

Angestellte: Unterschreiben Sie bitte.
Jenny hält den Stift, setzt ihn auf das Papier. Die Tinte des Stiftes saugt sich in das Papier, der Fleck ist klein, wird aber größer. Jenny legt den Stift ab, ohne unterschrieben zu haben.
Jenny: Ich muss leider weg. Auf Wiedersehen.
Sie denkt nach, wie sie die Nummer wieder loswird, von der es heißt, sie bleibe ihr ein Leben lang erhalten.

Samstag

Acht Uhr beißt Jenny auf ein Stück Brot. Das Brot ist etwas hart, es ist vom Wochenanfang. Neun Uhr hängt ihr der Kopf bis auf die Brust. Sie wickelt sich einen dicken Schal um den Hals. Das hilft etwas. Zehn Uhr bricht ihr das Herz, aber das geschieht ganz nebenbei, sie merkt es nicht, weil sie in allen Ritzen und Taschen nach Geld sucht.

Jenny geht zur Polizei.
Jenny: Guten Tag. Ich werde von Sorgen überwältigt.
Polizist: Welche Art von Sorgen sind es?
Jenny: Ich würde sagen, die Sorgen allgemein überwältigen mich.
Polizist: Wir benötigen eine genaue Beschreibung.
Jenny: Ich weiß nicht, ob ich die geben kann.
Polizist: Wir machen eine Gegenüberstellung. Dann werden wir Klarheit haben.
Die Polizei zeigt Jenny fünf Sorgen.
Jenny: Ich weiß nicht, sie kommen mir ja alle bekannt vor. Aber ich will auch nichts Falsches sagen.
Polizist: Natürlich ist es wichtig, die richtige Sorge zu nennen. Aber unter uns: Sorgen organisieren sich zu Banden. Hat eine spezielle Sorge Sie noch nicht überwältigt, können Sie sicher sein, dass Sie es noch tun wird. Insofern: Wählen Sie einfach die, die Ihnen am passendsten erscheint. Wir machen dann den Rest.

Jenny sieht aus den Augenwinkeln ein Wunder am Fenster vorbeifliegen. Sie sagt dem Polizisten nichts davon, verabschiedet sich eilig. Sie hat ein Wunder vorbeifliegen sehen, nun muss sie sich beeilen, dass sie es zu fassen kriegt, bevor es ihr jemand wegschnappt.

Jenny kann das Wunder nirgends mehr entdecken. Sie überlegt eine Weile, dann fragt sie eine alte Frau, die im Bushäuschen sitzt.
    Jenny: Haben Sie zufällig das Wunder vorbeifliegen sehen?
    Frau: Ja, das habe ich. Es saß auch kurz neben mir und sagte, es käme in dreißig Minuten wieder.
    Jenny: Oh, dann ist das wohl Ihr Wunder?
    Frau: Ich warte jedenfalls schon lange. Sicherlich länger als Sie.
    Jenny zuckt mit den Schultern und verabschiedet sich. Sie fragt sich, ob man jemandem ein Wunder ausspannen darf.

Sonntag

Jenny hat die Nase voll. Sie gibt jetzt alles, indem sie die letzten zwei Tassen zerschmeißt. Sie will das Geld herausfordern, aber es passiert nichts. Sie tritt sich eine klitzekleine Scherbe in den Fußballen. Das habe ich nun davon, denkt sie und will gar nicht überlegen, was mit diesem Sonntag anzufangen sein könnte.

Montag

Der Montag hat die Taschen mit Geld gefüllt. Leider hat er nur zwei kleine Gesäßtaschen. Leider ist das Geld schon etwas alt und feucht und schimmlig. Das Geld sieht aus wie schlecht gewordener Joghurt. Jenny rümpft die Nase.
    Sie telefoniert mit der Firma: Was haben Sie mir denn für Geld geschickt! So ein Geld kann ich doch nicht ausgeben.

Firma: Dann schicken Sie es eben wieder zurück. Wir dachten, Sie wollten bezahlt werden. Ist das nun doch nicht recht?

Jenny legt auf. Sie kratzt den Schimmel vom Geld und bügelt es anschließend. Dabei geht es ein. Für den Rest der Woche zahlt Jenny mit Geld, das etwas zu klein ist, aber niemand sagt etwas, wenngleich einige Verkäufer Jenny ansehen, als zahle sie mit Falschgeld.

Jenny: Geld ist Geld

Geld ist Feld

Geld ist Zelt

nicht wahr

aber ja.

(gekürzte Fassung)

CAROLA GRUBER

Mit Bibo, Grobi und Kermit um einen Schweizer See

I.
Er träumt viel, manchmal auch von Unglücken. Nicht alles erzählt er. Seine Freundin könnte sich sorgen. Wenn sie nachfragt, erzählt er die Träume so, dass sie gut ausgehen und dass niemand stirbt. Dass alles vollkommen unbedenklich ist. Zumindest versucht er das.

II.
Manchmal sieht er die Zukunft voraus: Sein Vater hat einen Teil des Gedächtnisses verloren, nicht nur das Erinnern fällt dem Vater nun schwer. Sitzen, Essen, Staubsaugen – er hat vieles vergessen. Seine Schwester kümmert sich um den Vater. Sie wirkt gelassen. Gerade wiederholt sie zum dritten Mal auf leicht andere Weise etwas, das der Vater nicht verstanden hat. Sie lächelt den alten Mann freundlich an.
  Als die Freundin später fragt, sagt er, er erinnere sich an seinen Traum nicht.

III.
In guten Nächten träumt er schlecht.

IV.
Im Traum sieht er einen Arbeitskollegen bereits ein paar Jahre vor dem ersten Treffen. Der Kollege hat dichteres, dunkleres Haar und eine schnittige Frisur. Der Kollege trägt einen anderen Namen, lässt sich Sébastien nennen, mit französischer Aussprache. Er begrüßt den Kollegen sehr herzlich. Dieser reagiert überrascht, etwas zurückhaltend.

Weder der Kollege noch dessen Mutter, die der Träumende zum ersten Mal sieht, auch nicht der Lebenspartner des Kollegen erkennen ihn. Sie wissen nichts von der künftigen Zusammenarbeit, den gemeinsamen Erfolgen, den durchgearbeiteten Nächten in der Firma. Sie sehen ihn an, als sei ihm gerade ein dreister Annäherungsversuch missglückt.

V.
Er reist um einen Schweizer See. Er kennt den Ort nicht und verliert den Anschluss an die Reisegruppe. Er lässt seinen Rucksack irgendwo stehen, was ihm aber erst ein, zwei Gasthäuser weiter auffällt. Er findet seine Gruppe im nächsten Gasthaus und telefoniert seinem Gepäck hinterher. Er spricht mit mehreren Wirten, manche von ihnen duzt er aus Versehen; ab und zu knackst es in der Leitung, was er im ersten Moment für besondere Laute des Schweizerdeutschs hält. Schließlich spricht er mit einem jungen Schweizer, den er besser versteht als die anderen. Alles sei in Ordnung, beruhigt ihn der junge Mann am Telefon. Das Gepäckstück habe sich angefunden und sei ihm bereits hinterher geschickt worden. Noch während er erleichtert in den Hörer des Münzapparats nickt, spürt er einen sanften Druck auf seinem Fuß, blickt an sich hinunter und erkennt den Rucksack.

VI.
Die Konferenzräume der Firma sind miteinander verbunden: Die niedrigen Wände lassen zur Decke einen Spalt von etwa fünfzig Zentimetern. Er stellt sich auf einen Stuhl und langt ins Nachbarzimmer. Dort steht ein Schrank, etwas niedriger als die Wand. Auf dem Schrank eine Kommode, er betastet die Rückwand. Auch hier ein Spalt, durch den man greifen kann. Er fasst ins obere Fach der Kommode, dort in zwei Schubladen. Tastet das Möbel ab, das sich immer weiter zu entfernen scheint. Einzelteile lösen sich und stürzen in die Tiefe. Er kann sie am Schrank entlang fallen, nicht aber auf dem Boden aufkommen hören; es ist, als wäre der Raum auf der anderen Seite nach unten offen. Er stellt sich auf die Zehen und versucht, in den anderen Raum zu lugen, vergeblich. Er

tastet weiter, will die Kommode zurechtrücken, doch sie entfernt sich immer weiter. Unter ihm kracht es. Der Stuhl ist zerbrochen, Splitter liegen verstreut auf dem Boden. Er schwebt. Der Unterarm steckt im Spalt zwischen Decke und Wand, die Hand klemmt im oberen Fach der Kommode. Sein gesamtes Gewicht hängt an der eingequetschten Hand. Er wundert sich, wie wenig das schmerzt. Er wendet den Kopf und sieht den leeren Raum hinter sich: Fenster und Tür sind geschlossen, der Schlüssel steckt von innen. Er erinnert sich: Bevor er auf den Stuhl gestiegen ist, hat er abgesperrt.

Auch diesen Traum erzählt er nicht, weder der Freundin noch den Kollegen.

VII.

Er hat einen Kuchen gebacken, für das Krümelmonster aus der Sesamstraße. Er geht es suchen. Trifft aber nur Bibo, Grobi, Kermit sowie andere Bewohner der Sesamstraße, die er bis dahin noch nie gesehen hat, weder im Fernsehen noch im Traum. Er fragt nach dem Krümelmonster. Bibo und die anderen wissen nicht, wo es ist; er könne aber seinen Kuchen bei ihnen lassen, schlagen sie vor, so könne er besser suchen. Er sucht das Monster überall. Als er zurückkehrt, sehen ihn die Bewohner der Sesamstraße zerknirscht an. Kein Monster, nur Krümel.

VIII.

Seine Eltern erzählen, wie sie in den 1970er Jahren einen guten Bekannten kennenlernten: Sie fuhren mit einem Schiff, einem leuchtend weißen Gefährt, das den Namen »Deutschland« trug. Den Bekannten, der damals noch kein Bekannter war, trafen sie auf einem geschlossenen Deck, in der Schlange des Selbstbedienungsrestaurants. Ein Gespräch entspann sich. Der Fremde, der jetzt nicht mehr fremd war, verschwand mit dem Hinweis, er liege auf dem Adolf-Hitler-Deck. Den Eltern behagte es nicht, dass der Unbekannte so offen zu seiner politischen Überzeugung stand. Sie verdächtigten ihn wegen einiger Äußerungen außerdem der Aufschneiderei. Dennoch suchten sie besagtes Deck und fanden darauf, in einem Liegestuhl im hellsten Sonnenschein, den Bekannten. – Erstaunt fragt der Träumende seine Eltern nach dem Namen des Decks. Die Eltern antworten, wie so oft, wenn es um die Zeit vor seiner Geburt geht: Das war damals so. Dabei hat sich keiner etwas gedacht.

IX.
Ein Pförtner findet einen Säugling in einem Koffer. Er erinnert sich: Das ist kein Traum. Das hat er in den Nachrichten gesehen.

X.
Der Arzt kündigt ihm an, dass er am Tag der Untersuchung eine Tablette nehmen müsse, die Doppelsichtigkeit, Durst, Schwitzen, Schwindel sowie eine Reihe von Wahrnehmungsstörungen auslösen werde. Vor der Untersuchung solle er Reis und Tomaten essen. Zur Untersuchung solle er Wasser bereithalten. Und einen Freund oder Verwandten, der ihm beistehen und ihn anschließend nach Hause begleiten könne. Der Träumende sieht andere Patienten durch den Flur der Praxis torkeln, gebückt, tastend, erbrechend. Einige von ihnen sind an einer Lehmmauer stehen geblieben und schlagen die Köpfe dagegen. Eine Patientin sitzt mit roten Wangen und halboffenen Augen auf einer Bank, ein Begleiter streichelt besorgt ihren Kopf. Er solle auf ein Brennen in den Augen gefasst sein und darauf, dass sich darin Blut ansammle, wie auch in den Ohren und in den Händen; dass das Atmen schwer fallen und die Lunge gereizt sein werde, eine Art beißendes Jucken; dass er schwach auf den Beinen sein und keine Orientierung haben werde; dass er vergessen werde, wie er heiße und wer er sei. Diese Unannehmlichkeiten seien unvermeidlich, um zuverlässige Ergebnisse zu erhalten. Bereits nach mehreren Stunden klängen die Symptome ab, vereinzelte Beeinträchtigungen könnten noch bis zu vier Wochen später auftreten.

Am Tag der Untersuchung bringt er einen Freund und einen Verwandten mit. Er hat ihnen gesagt, dass sie ihn festhalten sollen, an den Armen, an den Beinen, am ganzen Körper, um zu verhindern, dass er seinen Kopf anschlage oder sich auf eine andere Weise verletze. Sie haben eingewilligt, alle erforderliche Gewalt anzuwenden.

Als er die Tablette einnimmt, spürt er keinerlei Veränderung: Weder Doppelsicht noch Brennen in den Augen, weder Durst noch Jucken in der Lunge, Hitze weder auf den Handflächen noch an den Ohren, kein Schwitzen und kein Schwindel, keine Orientierungslosigkeit, und auch seinen Namen vergisst er nicht. Er wartet ab, ängstlich, zwischen seinen Begleitern.

Die einzige Veränderung ist ein ihm bisher unbekanntes, starkes Verlangen, Böses zu tun. Sich von Freund und Verwandtem loszureißen, ihnen eine Falle zu stellen, die sie mindestens Gesundheit, besser noch das Leben kostet. Er heckt einen Plan aus, wie er den Freund in einen verwinkelten Gang locken, ihn Ecke um Ecke, Windung um Windung tiefer in ein Labyrinth führen könnte, wo hinter einem Vorsprung ein Apparat lauert, ein Gerät mit spitzen Ecken, die dem Freund tiefe, schmerzhafte Verletzungen zufügen würden.

Spüren Sie bereits die Wirkung der Tablette? fragt der Arzt. Er schüttelt den Kopf. Alles wie immer, sagt er.

XI.
Am Küchentisch durchblättert er seinen Terminkalender, ob darin ein Eintrag für die Untersuchung steht. Nur ein Meeting im großen Konferenzraum der Firma. Und ein Abendessen mit seiner Freundin zum dreijährigen Jubiläum. Doch keine Zeit morgen Abend? fragt die Freundin. – Alles in Ordnung, murmelt er.

XII.
In seinem Kopf fängt er Fliegen: Der Kopf hat seitlich eine Klappe; ab und zu öffnet er sie, und Fliegen dringen durch das Loch. Sie schwirren im Kopf umher, fliegen von innen gegen die Wände. Er hört es brummen, spürt winzige Aufpralle. Manchmal setzen sich die kleinen Tiere und krabbeln ein paar Zentimeter auf der Innenseite des Kopfes; das kit-

zelt ihn, besonders unter der Schädeldecke. Nach ein paar Minuten lässt er sie wieder frei. Er will niemanden verletzen.

XIII.
Er träumt, die Zeit sei stehen geblieben.

XIV.
An einem Sommerabend sitzt er neben seiner Freundin auf dem Balkon. Er hat den linken Arm um ihre Schulter gelegt und sieht mit ihr gemeinsam in Richtung Sonne, die groß und schwer über dem Horizont hängt, honig- und bernsteinfarben leuchtet, in Rosenblütenwolken gehüllt. Vor ihnen, im Sonnenlicht, tanzen Staubkörner. Hin und wieder greift er eines davon aus der Luft und wirft es sich in den Mund. Nach vier, fünf Körnern sieht er sie an: Isst du denn gar nichts heute Abend?

MICHAEL STAVARIČ

Ein Bestiarium
Auszug

Der Karpatische Stülper

Der Karpatische Stülper war einst ein Vorzugsschüler, geriet aber schon in jungen Jahren auf die schiefe Bahn; um sich dort zu halten, haben sich seine Füße im Laufe der Zeit zu Saugnäpfen umgestaltet. Auf ebenen Flächen hat »der Karpate«, wie ihn manche Eingeweihte nennen, seither seine liebe Not (schnelles Vorankommen!). Seine kriminelle Energie ist darüber hinaus enorm: Alle seiner Art sind versierte Fassadenkletterer, was sie in höchsten Maßen zu Einbrüchen und Eigentumsdelikten befähigt. Manche haben sich auch als begabte Bankräuber erwiesen oder sich sogar auf solche spezialisiert. Sie steigen des Nachts in Banken ein und reißen mit ihren Saugnäpfen jedwede Tresortür aus ihrer Verankerung; andere versuchen sich lieber an Bankomaten und entfernen diese im großen Stil aus allerlei Gemäuern. Große Teile des Geldes (ihr Lebensstil ist durchaus bescheiden) landen als »Parteispenden« auf den Konten diverser Politiker, was zur Folge hat, dass noch keinem der Stülper je ein Prozess gemacht worden ist. Eines der besonderen Merkmale der Karpatischen Stülpers ist deren Silberblick, der tatsächlich jenem eigenartigen Schimmer flüssigen Silbers nahe kommt, kurz bevor dieses endgültig erstarrt. Unlängst haben westliche Forscher inmitten der ukrainischen Karpaten gigantische Steinskulpturen aus vorgeschichtlicher Zeit entdeckt und Vermutungen angestellt, von wem die mysteriösen Figuren stammen könnten. Den Erzählungen nach wusste die lokale Bevölkerung (sowie ukrainische Archäologen) schon lange von diesem Phänomen (nahe dem Dorf »Snidavka«, vlg. auch tsch. »Frühstück«), doch war bis zum Zerfall der Sowjetunion die Erforschung der Steine strengstens verboten. (U.a. finden sich dort Gesichter mit überaus groben Zügen sowie eine vierzehn Meter große schwangere Riesenfrau.) Die Funde werden auf ca. 5000 bis 6000 v. Chr. datiert. Darüber hinaus entdeckte man, dass der Stein offenbar mit Saugnäpfen bearbeitet wurde, was die Vermutung nahe legt, dass Karpatische Stülper für die künstlerische Umsetzung verantwortlich sind. Warum die Arbeiten vor den Augen u.a. Stalins keinen Gefallen fanden, bleibt ungeklärt, doch soll dieser selbst seine Doppelgänger als »verhurte Zwerge« bezeichnet und sollen ihm Riesenfrauen schon immer schlaflose Nächte bereitet haben.

Der Schlitzrüssler

Im Jahr 1906 brach der Naturforscher Alpheus Hyatt Verrill erwiesenermaßen zur karibischen Insel Hispaniola auf, um den »Solenodon paradoxus« zu finden, den Dominikanischen Schlitzrüssler. Hoffnungslos sei es, des Tieres habhaft zu werden, warnten Kollegen, genauso wahrscheinlich, wie Geister mithilfe eines Schmetterlingsnetzes zu fangen. Doch der unglaubliche Coup gelang: Dem Forscher ging tatsächlich ein Weibchen in die aus einer Konservendose gehämmerte Falle. Kurz zuvor hatte Verrill sog. »Nasenstupser« entdeckt: kleine, kegelförmige Löcher im Waldboden, die der Säuger augenscheinlich auf der Suche nach Insekten und Ähnlichem hinterlässt. Der Schlitzrüssler ist zweifellos ein skurriles Wesen. Die Zitzen der Weibchen sitzen in der Leistenregion. (Wo sich die Hoden der Männchen befinden, ist nicht bekannt.) Die Muttertiere schleifen ihre daran baumelnden Jungen recht unwillig hinter sich her. Äußerst merkwürdig bleibt auch das laute Zwitschern und Zirpen der Tiere, sobald sie urinieren. Noch paradoxer ihr Gang: Langsam und breitbeinig stapfen sie durch die Urwälder, in ihrem Gehabe an trunkene Sumoringer erinnernd. Der Schlitzrüssler ist ein zäher, anpassungsfähiger Charakter, doch kursieren immer mehr Meldungen, dass er kurz vor der endgültigen Ausrottung steht. Ob dies mit dem Menschen an sich oder den sich ändernden klimatischen Bedingungen in Zusammenhang zu bringen ist, darüber herrscht Uneinigkeit. Schlitzrüssler sind zweifellos lebende Fossilien und gehören zu den frühesten (höheren) Säugetieren dieser Welt. Bereits vor ca. 76 Millionen Jahren – die Dinosaurier trollten noch über die Erde – huschten die Vorfahren der ulkigen Geschöpfe durchs Unterholz. Erwähnenswert auch die Tatsache, dass sie die einzigen lebenden Säuger sind, die mit ihren Zähnen Gift injizieren können (vlg. auch »Reptilopoden«), wovon sie gern und wiederholt Gebrauch machen. (Verrill soll ein ganzes Monat lang an wüstesten Halluzinationen gelitten haben, bevor sich sein Zustand endlich stabilisierte.) Die Bezeichnung »Rüssler« wurde im Übrigen dem engl. »to root« entlehnt. Das Wort bedeutet eigentlich »Wühler«, der Terminus »Schlitzwühler« hat sich allerdings – trotz mehrmaliger Anläufe – in der Praxis nicht durchgesetzt. Verrill selbst wurde, allen medizinischen Prognosen zum Trotz, nie wieder ganz der Alte.

Das Moderlieschen

Das Moderlieschen (Leucaspius delineatus), auch »Zwerglaube«, »Malinchen«, »Modke« oder »Mutterloseken«, franz. »Able de Heckel«, engl. »White aspe«, holl. »Vetje«, bewohnt gern pflanzenreiche Gräben und Torfkuhlen. Höhenlagen über 400 Meter werden seit jeher gemieden. Es ist ein geselliges Tierchen, das nahezu überall heimisch ist, mit Ausnahme von England, Südfrankreich und Italien (soweit bekannt, aus politischen Gründen). Es verfügt über ein »oberständiges« Maul, wechselt die Körperfarben (je nach Laune) und ernährt sich ausschließlich vegetarisch. Moderlieschen können neue Lebensräume zudem durch passive Fremdverbreitung besiedeln: Ihre Laichbänder haften den Beinen von Wasservögeln an und werden so in andere Landschaften eingebracht. So kam es wohl auch zum Namen: »Moderlieschen« leitet sich von »mutterlos« ab, vgl. auch engl. »motherless« bzw. »vogelfrei« (engl.

»outlowed«), daher vereinzelt auch »Outlieschen«. Die schon erwähnte Bezeichnung »Malinchen« soll übrigens Ingeborg Bachmann zu ihrem Roman »Malina« inspiriert haben, wohingegen der in »Zwerglaube« attestierte »Glaube an Zwerge« eine reine Mär ist. Die Tatsache, dass Moderlieschen empfindlich auf Umweltreize wie Veränderungen der Luftfeuchtigkeit bzw. des Magnetfeldes reagieren, macht sich beispielsweise das Wasserwerk Berlin zunutze, in dem die Tiere als Bioindikatoren für die Trinkwasserqualität eingesetzt werden. Sie ernähren sich am liebsten von Mückenlarven, Algen, Wasserflöhen und den sog. Hüpferlingen, die ihnen nahezu anstandslos ins offene Maul springen. Hüpferlinge sollen schon immer zu diesem suizidalen Verhalten geneigt haben. Da sich diese überaus stark vermehren (sie bespringen einander ständig) und ihre natürlichen Ressourcen begrenzt sind, geht man hier von einem sich selbst aktivierenden »Selbstmordgen« aus. So gesehen kann man von einer symbiotischen Beziehung zwischen den Moderlieschen und Hüpferlingen sprechen, von der – wie es bei solchen Beziehungen üblich ist – beide Seiten ihre Vorteile beziehen.

Der Pigmentlöwe

»Hic sunt dracones – Hier sind Drachen«, schrieben vor langer Zeit die alten Römer auf manche Landkarte, wohl wissend, dass Drachen längst ausgestorben und lediglich ein paar Artverwandte (vgl. »Komodowarane«) auf dem Erdball verblieben sind. Es darf demnach nicht verwundern, dass die Drachen alsbald zu Löwen mutierten – »Hic sunt leones« –, womit im Römischen Reich gern Gebiete jenseits der Grenzen bezeichnet wurden, ganz im Sinne einer »terra incognita« oder auch »nullius terra«. In diesen unbekannten Gebieten lauerten allerlei Gefahren, es drohten Tod und Verderben, doch auch Neues und bislang Unerkanntes galt es zu entdecken. Wie dem auch sei: Pigmentlöwen sind die »Urlöwen« der alten und neuen Welt, Statur und Fressverhalten gleichen den uns geläufigen Löwen, lediglich die vertrauten Pigmente fehlen, d.h.

Farbstoffe, die der Haut, der Mähne und dem Fell ihre Farbe verleihen (und vor gefährlichen Sonnenstrahlen schützen). In der Regel wirkt sich ein Pigmentmangel auch auf die Augen aus, deshalb sind diese bei den uns bekannten »Albinos« rot verfärbt (vgl. »Laborratte«). Pigmentlöwen, die üblicherweise schneeweiß erscheinen, weisen dunkelblaue Augen auf, die jenen der normalen Großkatzen weit überlegen sind. Sie beobachten den Sternenhimmel und sehen angeblich viel weiter als die von Menschen gebauten Teleskope und Observatorien. Es heißt, dass sie nach Kometen und fremden Lebensformen Ausschau halten bzw. das Universum in all seiner Weite vermessen, weil sich dies eines Tages als nützlich erweisen könnte. Leider haben es Pigmentlöwen verabsäumt, Sprache oder Schrift zu entwickeln, wodurch ihre Erkenntnisse der heutigen Wissenschaft verborgen bleiben dürften. Was das Verhältnis »Fell- zu Augenfarbe« anlangt, sprach man früher fälschlicherweise von einem sog. »Leukismus«. (Dieser Ausdruck leitet sich vom Griechischen »leukós«, das »Weiße«, »Helle« ab.) Allerdings handelt es sich hierbei um keine Krankheit, wie man dachte, vielmehr um eine genetische Besonderheit, die den Löwen von ihren Vorfahren vererbt worden ist. Es heißt auch, dass Pigmentlöwen beharrlich auf die Apokalypse warten; ursprünglich soll das Wort »Apokalypse« tatsächlich gemeint haben: »Das Geheimnis, das nur die Löwen (= Götter) kennen.«

Der gemeine Wildfang

Der gemeine Wildfang ist ein stadtbekannter Opportunist, wofür er sich keinesfalls schämt. Lautstark vertritt er die Meinung, das Recht auf freie Meinungsäußerung inkludiere das Recht auf freie Meinungsänderung (so oft man das wolle). Es liegt auf der Hand, dass der gemeine Wildfang für sein breites Meinungsspektrum berüchtigt ist, manche werfen ihm sogar »Verhetzung« vor, doch entspricht dies in Wahrheit keinesfalls dem wildfängischen Charakter. In den Medien wird er gern als Kommunist oder Nationalsozialist dargestellt, weil diese Ideologien, so die

Redaktionen, nun mal seinem Gedankengut entsprächen. Klar dürfte allerdings sein, dass man sich für gewöhnlich aus identischen Beweggründen zum Kommunismus oder Nationalsozialismus bekennt. (Weil man nur so zu den »Auserwählten« zählt, in deren Händen das Schicksal der Welt liegen wird.) Im Moment ist der gemeine Wildfang der Ansicht, die Nazis träten für eine harmonische Welt ein, die aus starken, opferbereiten und solidarischen Individuen besteht, und gemeinsame Interessen bzw. die Seelenverwandtschaft aller würden einen Schutzwall gegen den Verfall bilden, der die Welt unter den Humanisten und Aufgeklärten angegriffen habe. Er ist jedoch auch der Meinung, dass die Kommunisten eine Welt anstreben, in der alle Bürger untereinander austauschbar sind und somit ein einheitliches und unzerstörbares Ganzes bilden; die Kommunisten entsagen allen Interessen, da alles allen gehört (was den Verfall einer Gesellschaft aufhält). Der gemeine Wildfang weist darauf hin, dass über deutschen Konzentrationslagern die Aufschrift »Arbeit macht frei« zu finden war, in sowjetischen Lagern jedoch »Zielbewusste Arbeit zur Erfüllung des Plansolls«. Letztendlich – so sein Fazit – ist jede Meinungsäußerung ein und dasselbe: der Versuch, die Welt zu unterhöhlen. Er selbst erachte sich in diesem Wahnsinn als eine »zu Fleisch gewordene Parodie«. (Bezeichnenderweise ähnelt seine äußere Erscheinung einem als Humphrey Bogart verkleidetem Clown). Zweifellos ist der Wildfang davon überzeugt, dass eines Tages die Wahrheit siegen werde, doch weiß er bis heute nicht wann und welche. Es ist ihm, will man dieser seiner Aussage Glauben schenken, auch vollkommen egal.

Aus: *Nadelstreif & Tintenzisch* © Haymon Verlag (Herbst 2011)

JAN SNELA

Die Miriam

1
Ich saß in dem Sessel, den Bettpfosten in den Händen, und schnitzte. Der Fernseher lief, auf lautlos gestellt. Ich summte ein Lied, das hieß Lore, und eins, das hieß Lei. Ein Fockmast entstand mir. Wenn ich mich schnitt, schrie ich Au! und ich lief zur Küche. Denn dort waren Pflaster genug. Sie hätten noch Jahre gereicht. Nur der Schnaps nicht. Er reichte nur noch für Tage. Es war also gar keine Frage, dass es bald losgeh'n musste.

2
Es gab in der Küche Mäuse. Sie wohnten in einem Käfig, den ich errichtet hatte. Vor ein paar Wochen, doch fern wirkten die, wie Vorzeit, die fünf Minuten, in denen ich dieses Ding schuf. Ich nannte es »das Gehäuse«. Jedes Mal war ich verwundert, wenn ich den maschenumdrahteten schiefen Turm sah. Maschendraht war an das Holz getackert, das grob zusamm'nhielt. Von Maschendraht war es umwunden und zwar gleich mehrfach. Er war gelungen, fand ich. Manchmal hob ich ihn hoch, um ihn wieder hinzustellen. Ich ließ ihn auch manchmal fallen, auf eine Isomatte, die davon ganz lädiert war. Man muss auch an seine Nachbarn denken (die ihre Fäuste ballen, in denen Besen stecken, die an die Decke klopfen), denn sonst verroht man.

3
Die Mäuse hießen Tick, Trick und Tráck, Johannes, Mathilde, Dietmar, Batman, Bakunin, Hakuin, Holde. Ein Zettel, auf dem die Namen standen, steckte in meiner Hosentasche. Tick, Trick und Tráck war der ein-

zige, den ich heraus erkannte aus diesem Pulk der Mäuler, aus Balg und Knäuel. Und nicht etwa, weil er ein weißes Fell trug. Und nichts mit Augen.

4

Noch sieben Nüsse klackerten in der Schüssel, die mir, ganz Kind und konkav, im Schoß lag. Ich knackte mir hin und wieder eine. Ich summte Lieder. Der Fernseher lief. Doch leise. Der alte Flimmerer, den ich Kropotkin nenne. Eigentlich ein Sozialfall, mit seinem Op-Bart und weißem Rauschen statt Dialogen. Ich hatte ihn damals aufgenommen, als es geklingelt hatte und er auf dem Schuhabstreifer vor meiner Tür stand. Ich hatte ein Herz für Kisten. Im Sessel saß er mir gegenüber und schien zu dösen und nuschelte Unhörbares in sein Bartgestöber. Ich drehte lauter.

5

Es war die Zeit, in der ich das Schiff schuf. Ich wand meine Haare hinein. Sie wuchsen wild zu der Zeit. Erst war nichts zu machen. Ich sah nichts mehr, war niemand mehr in dem Wirrwarr. Dann wob ich Segel. Soviel zur Nebenwirkung.

Ich trank nämlich nicht nur Hochprozentiges, sondern auch einen Trunk, der klein macht. Ich glaube, er war auf Erbsenbasis. Er stammte von einem Händler, der an mein Fenster geklopft hatte, mit seinem Haken. Die Wirkung ließ auf sich warten.

6

Freunde hätte ich einladen können, die mir dann was gebracht hätten. Glenfiddich oder Glasnostisches oder Rotwein. Ich fand aber keinen Grund, sie herzubitten. Außerdem war meine Wohnung in keinem guten Zustand. Die Heizkörper waren rausgerissen. Die Fenster war'n eingeschmissen mit, aus dem Schrank, den Tassen. Vom Teppichmesser zerschlissen war'n Tischdecke, Tops und Vorhang. Hinzu kommt: Ich hatte keine. Die Schulzeit war lange her. Und Mäuse zähl'n nicht. Niemals hätte ich sie so nennen sollen! Obwohl ich ja gesagt hatte, als Miriam mich fragte, ob ich sie füttern würde. Ich tat's auch. –

7

Der Kiel war befestigt. Der Fockmast in Arbeit. Zwei Masten besegelten sich. Es handelt sich nur noch um Stunden. Schon morgen kann's losgeh'n. Nur wie?, dachte ich. – Das Schiff war sehr klein. Ich trug es von Zimmer zu Zimmer. Ich schnitzte und pfiff und sah fern. Und riss mir die Kordeln vom Kopf, die ich geflochten hatte, und band den Fockmast am Bug fest. Bis es echt spät war.

Um Mitternacht hörte ich, durch Tapetengeräusche hindurch, ein Murren. Der Nachbar, die Eule, zog ein oder aus. Er summte die Luft kühl und dunkel. Wie ich hier. Ich hörte ihn mit den Flügeln flattern und mit den Fenstern schlagen und etwas von einer Ecke in eine andre tragen, dann wieder endlos rum steh'n. Horchend verharrte ich noch eine Weile. Dann setzte ich das Schiff in den Sessel, legte mich auf den Boden und wartete, bis ich einschlief.

8

Es war das Schiff, das mich weckte. Ich hob es vom Sessel ins Licht. Goldblond funkelte die Takelage in triumphaler Stille. Auf Tauen der Tau war ein Glitzern. Die Segel gesetzt. Durch und durch hatte es etwas Zauberisches. Das brachte mich auf die Idee, den Spruch zu sprechen, der in mir widerhallte. Ich tat's. Vergeblich.

9

Ich bemannte es mit den Mäusen. Tick, Trick und Track war in Meuterstimmung, er wollte Mätzchen machen, bevor es losging. Ich schnürte ihm sein Gemäul zu. Ich band ihn an einen der Masten. Dann taufte ich schnell das Schiff noch. Ich schrieb ihm, mit einem Lippenstift, den ich fand, den Namen an seinen Bug. Verschrieb mich leider. Schrieb erst »Marianne« und strich es durch. Dann »Marion.« So was war so egal jetzt! Jetzt trug ich das Schiff an die See. Ich blies in Segel, in die ein Wind fuhr, und musste rennen.

10

Die Straßen, sie waren Start- und Landebahnen, so frei waren sie, wie Hafenquais wirkten sie, am Sonntag. Es musste am Gellen der Mäuse liegen. Klang es denn so sirenisch? Ich rannte, als ob's wo brannte. Ich sah sie Segel setzen, ich sah sie sich abhetzen in der Takelage. Das kleine Steuer drehen. Durchs kleine Fernrohr sehen. Ich wurde schneller.

Über uns kreisten Bussarde, Adler, Möwen. Die Mäuse muckten aber, mit ihren Fäustchen und den Kanonen. Jedes Mal wenn ein Vogel vom Himmel stürzte, rollten sie eins der Schnapsfässchen aus der Kombüse und stießen mit ihren Fingerhüten drauf an und holten aus Tütchen Käse. Ich fragte erst einen der Menschen, die unterwegs war'n, dann noch einen, dann einen dritten, wie es zum Stadtsee gehe. Ich sagte Stadtsee. Sie zeigten alle in eine Richtung. Ich stieß den Schrei aus.

11

Bis zu den Knien, und heulend und lachend vor Glück, im Wasser, konnte ich dann die Wirkung spüren. Sie kam sehr plötzlich. Die Kleider wurden zu bunten Algen, die mich entließen, aus meinen Maßen. Ich hielt mich am Schiff fest, das ich so lange gehalten hatte. Es trug mich. Es zog mich ins offene Meer.

Man half mir mit Pfoten über die kleine Reling und hieß mich an Bord willkommen. Sie gossen mir von dem Schnaps ein. Er floss in Strömen. Auf Höhen der See nannten sie mich schon nicht mehr Käpt'n. Wir schipperten mehr als Brüder. Ich dachte noch, mach es gut, Kropotkin.

12

Der Rest war Rauschen.

GESPRÄCHE

Literatur und Zeit

»Der herrschende Zeittakt ist wahrlich ein hektischer«, stellt Kathrin Röggla in ihrem Gespräch mit Johanna Hemkentokrax fest, und stichelt damit gleich ins breitbekannte Gesellschaftsgewinsel. In den Gesprächen in *poet nr. 11* geht es aber nicht darum, sich in einen klagenden Wohlfühlkonsens über die Zeit und die nichtvorhandene Zeit zu kuscheln. Die Interviewer interessierte ein unbefangener Zusammenhang zwischen Zeit, Literatur und ihren Autoren. Und dazu zählt nicht nur die individuelle Zeiterfahrung der Autoren, sondern auch, wie sie mit der Zeit in ihren Texten umgehen.

Wenn die äußere Zeittaktung, wie Kathrin Röggla feststellt, eine schnellere geworden ist, muss dann nicht die Literatur, die viel mit Musik und Tanz zu tun hat, auch schneller werden? Die Lyrikerin Martina Hefter jedenfalls macht sich schon mal Gedanken, die zeitliche Taktung von Tanz und Literatur zu überlagern und zu synchronisieren. Gegen das allgegenwärtige Zeitmangellamento empfindet sie zeitliche Enge als etwas, das ihr Freiheit spendet, weil das Leben als verdichteter Prozess einfach auf- und anregender ist.

Teilt man die legere Haltung von Henning Ahrens, dann hängt Zeitmangel ganz plump gesagt eh nur davon ab, »wie der Einzelne mit seiner Zeit umgeht.« Wann Ahrens selbst Zeit findet zum Schreiben, kommt auch darauf an, wie ihn sein Brotjob, das Übersetzen vereinnahmt. Auftragsarbeiten sind aber meistens ziemlich schnell erledigt. Zumindest bei Markus Orths, den der Gebrauchstext keine Mühe kostet. Der literarische Text hingegen ist für ihn immer ein Neuanfang, da gibt es selbst mit der Zeit keine Souveränität und keine festen Baupläne.

Für Michael Stavarič gibt es nicht einmal feste Schreibzeiten. Der Schriftsteller schreibt eigentlich immer und bringt dann irgendwann aus sich heraus etwas zu Papier. Sollten dabei Gedichte entstehen, dann produziert der Schriftsteller sogar noch Zeit. Zumindest wenn es nach Kurt Drawert geht, der sich innerhalb des Interviews essayistisch mit Zeit auseinandersetzt und sein Literaturverständnis durchdenkt.

Geprägt von der Zeitgeschichte fühlt sich jeder der Interviewten, und der ein oder andere prägt sie mit Freuden zurück oder eben nicht. Wie es bei den einzelnen Gesprächspartnern konkret aussieht und wie sich das auf ihre Literatur auswirkt, das kann auf den folgenden Seiten nachgelesen werden.

Walter Fabian Schmid

Michael Stavarič im Gespräch

Zeiten als Kulissen

Michael Stavarič wurde 1972 in Brno geboren und emigrierte mit seinen Eltern 1979 nach Österreich. Nach dem Studium der Bohemistik und Publizistik lebt er heute als Schriftsteller, Übersetzer und Herausgeber in Wien. 2000 erschien sein Gedichtband »Flügellos« und 2005 sein Prosadebüt »Europa. Eine Litanei«. Der ein Jahr später folgende Roman »stillborn« verhalf ihm zum literarischen Durchbruch. Zuletzt erschienen die Romane »Böse Spiele« (2009, C. H. Beck) und »Brenntage« (2011, C. H. Beck). Michael Stavarič wurde mit dem Buch.Preis, dem Adelbert-von-Chamisso-Förderpreis und dem Literaturpreis Wartholz ausgezeichnet.

ROLAND STEINER: Als du noch als Koordinator des P.E.N.-Präsidenten und Sekretär des tschechischen Botschafters in Österreich Jiří Gruša tätig warst, wirst du deine literarische Produktion wohl nach jenen anderen Dienstzeiten gerichtet haben. Zu welcher Tageszeit schreibst du nun als freiberuflicher Schriftsteller, der – von Übersetzungen, Herausgeberschaften und Medienbeiträgen noch abgesehen – in bloß elf Jahren unglaubliche 14 Bücher publiziert hat?
MICHAEL STAVARIČ: Es ist natürlich eine Tatsache, dass man – wenn man berufstätig ist – weniger Zeit zum Schreiben hat. Andererseits hatte ich auch nie das Gefühl, dass meine Kreativität in der Botschaft erstickt worden wäre, es hat sich schon ganz gut ergänzt. Ich kenne das Phänomen von vielen Kollegen: Man schreibt jetzt nicht unbedingt so viel mehr, wenn man den ganzen Tag Zeit hat für die Literatur. Ich tat mir bislang relativ leicht, im »Auffinden« neuer Projekte – wobei diese, was den Umfang anlangt, doch oft recht überschaubar sind. Insofern ist die

Zahl »14« eine relative. Was die Tageszeit anlangt, in der ich schreibe – nun, ich ritualisiere mein Schreiben noch immer nicht. So gesehen bin ich völlig unabhängig, ich schreibe dann, wenn gerade Zeit ist. Und auch dann habe ich das Gefühl, dass ich nur etwas niederschreibe, was ich längst in mir selbst notiert habe. Was mich zu der Antwort bringt: Man schreibt wohl als Autor immer. Und ab und zu nimmt man sich Zeit, dies auch zu Papier zu bringen. Und ja, ich schreibe tatsächlich noch auf Papier und tippe erst im Nachhinein alles in den Computer.

R. STEINER: Geschah dieser Schritt in die Freiberuflichkeit gerade ob des vormaligen Zeitmangels?

M. STAVARIČ: Der Schritt hatte mehrere Gründe. Zunächst wollte und brauchte ich dringend eine Veränderung; ich hätte einen neuen Posten in Berlin antreten können, habe mich dann aber relativ schnell dagegen entschieden. Und natürlich: Ich wusste, würde ich tatsächlich »Autor« sein wollen, dann würde dies schon auch Umstellungen im meinem Berufsleben erfordern. Und ich muss auch gestehen: Erst seitdem ich Freiberufler bin, benenne ich mich selbst als Autor. Das Ganze hatte auf jeden Fall auch etwas »Identitätsstiftendes«.

R. STEINER: Du publizierst seit dem Jahr 2000 in Buchform. Hat sich seitdem, in den so genannten »Nullerjahren«, etwas an zeitlichen oder anderen Schreibbedingungen geändert?

M. STAVARIČ: Das ist eine schwierige Frage – alles hat sich verändert, wenn man so will. Und zugleich nichts. Ich glaube, dass Schriftsteller in erster Linie gute Beobachter sind. Insofern sind sie davon abhängig, was sich in ihrer Umgebung tut. Es hat sich der »Zeitgeist« geändert, ich weiß spontan kein besseres Wort. Die Welt verändert sich, die Zeiten werden rauer, die Krisen etwa in Wirtschaft, Natur etc. »regelmäßiger«. Die Literatur in einer gewissen Art und Weise »postapokalyptischer« bzw. »belangloser«. »Heile Welt« versus »Was mag da noch kommen?«. Es ist gewiss auch nicht leichter geworden, Bücher zu publizieren. Die Verlage stehen immer mehr unter Druck und suchen ihr Heil in Bestsellern.

R. STEINER: Nimmst du dir für dein Schreiben ein Tages-Soll vor oder schreibst du eher phasenweise und dann konsequent?

M. Stavarič: Ich nehme mir gar nichts vor – manchmal wundere ich mich selbst, wie viel dann immer noch »entsteht«. Wichtig ist es zu wissen, wie man denn schreiben möchte. Und diese »Sprache/Form« gilt es jederzeit abrufen zu können. Was man dann schreibt, na ja, ich finde, das ist relativ egal. Denn es geht immer um dieselben Themen, die uns bewegen – Liebe, Krieg, Krisen etc. Da muss ich nicht großartig darüber nachdenken, was denn thematisch andere Menschen interessieren könnte. Ich selbst schreibe am Anfang eines Projektes relativ viel in einem Stück. Danach lasse ich mir Zeit und schaue, wo es mich hinführt. Oft verwerfe ich dann alles wieder. Eigentlich muss das Ergebnis auch nur mir gefallen … was andere für eine Meinung haben, ist mir relativ egal. Einen Lektor sollte das Ganze vielleicht überzeugen, das schon. (lacht)

R. Steiner: Gibt es zeitliche Unterschiede in der Konzeption der verschiedenen literarischen Formen, die du bearbeitest?

M. Stavarič: Nein, zeitlich gibt es keinen Unterschied – und ich arbeite meist an mehreren Projekten gleichzeitig, die sich nach Möglichkeit sehr voneinander unterscheiden. Das finde ich normalerweise recht befruchtend … also ein Roman, ein Kinderbuch und dann noch ein experimentelleres Projekt. Oder eine Übersetzung. Bei Kinderbüchern ist es zudem schön zu wissen, dass man sie nicht alleine »stemmen« muss. Da arbeitet man ja zu zweit, mit einer Illustratorin.

R. Steiner: Gerade für Nicht-Bestsellerautoren sind Lesereisen ja eine notwendige Einnahmequelle und du gehst häufig auf ausgedehnte und zeitlich aufwendige Lesereisen. Kannst du währenddessen schreiben?

M. Stavarič: Früher konnte ich gut schreiben, wenn ich im Zug saß … mittlerweile ist dies schwieriger geworden, weil ich meist doch recht müde bin. Die Anzahl der Lesungen ist – im Vergleich zu früher – deutlich gestiegen. Ich setze mich heute in den Zug und schau mir lieber DVDs an, als zu schreiben. Aber es kommt schon noch vor, dass ich mir Notizen mache oder Texte am Computer bearbeite. Das Reisen selbst ist natürlich ein »Medium« – ohne Reisen mangelt es einem an Impulsen und Begegnungen, die sich günstig auf das eigene Schreiben auswirken. Wiewohl ich immer zu sagen pflege: Literatur ist Fiktion. Wer nicht in der Lage ist, alles zu »erfinden«, der hat einen gewissen »literarischen Level« noch nicht betreten.

R. Steiner: Ist Zeit schon zu einem Luxusgut geworden? Gerade für KünstlerInnen?

M. Stavarič: Je älter man wird, desto mehr wird »die Zeit« zu einem kostbaren Gut. Ich glaube aber, dass man immer noch genug Zeit hat, um all das zu tun, was man schon immer tun wollte. Der Rest sind Ausreden. Soll heißen: Das Leben (und das Werk) ist eben das, was man selbst und allein daraus gemacht hat.

R. Steiner: Wie wichtig ist es dir generell, dass die Figuren in eine gewisse Zeit eingebettet sind?

M. Stavarič: Zeiten und Orte sind bei mir nicht ganz so wichtig wie bei anderen Schriftstellern. Ich verwende sie mehr als »Kulissen«. Wobei es in meinem letzten Roman *Brenntage* durchaus wichtig war, eine »Zeitlosigkeit« darzustellen bzw. aufzuzeigen. Da habe ich mich durchaus literarisch mit dem Begriff Zeit auseinandergesetzt.

R. Steiner: Welche Wirkung hat diese Zeit dann auf die Geschichte?

M. Stavarič: Wie schon gesagt – ich glaube nicht, dass die Zeit in meinen Büchern eine so große Rolle spielt. Mir geht es mehr um eine »Melodie«, die die Leserin und den Leser auf etwas hinweist. Letztendlich entstehen all diese Zuordnungen erst im Kopf der Leserschaft und es bleibt eine Frage ihrer Deutungshoheit: Wie wichtig ist die Zeit, in der das Buch spielt? Wie wichtig ist mir die Zeit als strukturierendes Mittel? Und brauche ich unbedingt eine Zeit, um mich in der Welt zurechtfinden zu können?

R. Steiner: Bevorzugst du eine Momentaufnahme oder erzählst du eine Geschichte lieber gerafft? Und inwieweit denkst du hierbei die Erzählzeit für den Leser mit?

M. Stavarič: Ich denke schon, dass man beides tun kann … Momentaufnahmen und Geschichten, die durchaus einen Spannungsbogen haben; die also eine längere Konzeption erfordern. Mir selbst scheint die Momentaufnahme ein »wahrhaftigeres« Bild zu liefern. Unser aller Leben ist nicht gerade von einem »roten Faden« geprägt. Alles in so einem menschlichen Leben scheint mir eine Aneinanderreihung von Momentaufnahmen, Sie ordnen sich zwar dann einigen »Lebensthemen« unter, bleiben aber dennoch Momentaufnahmen. Da kann man sein Schreiben auch assoziativer gestalten, denke ich. Und dies entspricht mehr der Welt, wie ich sie sehe.

R. Steiner: Wie sehr fühlst du dich selbst vom jetztzeitlichen Kontext geprägt?

M. Stavarič: Man lebt nun mal an einem gewissen Ort, in einer gewissen Zeit. Zu behaupten, dies hätte keine Auswirkungen auf einen selbst, wäre schlicht gelogen. Es gibt Ereignisse und Orte, die einen mehr interessieren als andere. Soll heißen: Ich glaube, da trifft ein jeder seine ganz persönliche Auswahl. So definiert sich auch ein ganz bestimmtes »Jetzt«, das nur für einen selbst gültig ist.

R. Steiner: Bereits in deinem zweiten Roman *Terminifera* (2007), dann in den Prosaminiaturen *Nkaah. Experimente am lebenden Objekt* (2008), und auch im aktuellen Roman *Brenntage* erfahren wir über Rückblenden eine vergangene Kindheit: Wie wichtig ist dieser biographische Zeitabschnitt in deinem Textschaffen?

M. Stavarič: Die Kindheit ist eine wunderbare Zeitspanne – sie ist die Basis unseres Denkens und Fühlens; die Art und Weise, wie man sozialisiert wurde, entscheidet alles. Insofern sind keine literarischen Figuren denkbar, ohne sich nicht in irgendeiner Art und Weise mit ihrer Kindheit auseinandergesetzt zu haben. Egal, ob diese jetzt im Buch aufscheint oder nicht. Ich merke, dass dies ein Umstand ist, der mich zusehends mehr interessiert. Vielleicht hängt dies auch mit der Tatsache zusammen, dass ich aufgrund meiner Kinderbücher viel mit Kindern zu tun habe. Was mich selbst betrifft, so habe ich bislang nur in kleinen Details etwas von meiner Kindheit in Bücher einfließen lassen. Vielleicht kommt aber auch mal der Zeitpunkt, wo ich dies vermehrt machen werde.

R. Steiner: *Europa. Eine Litanei*, dein Prosadebüt, und auf andere Weise auch der Roman *Magma*, boten einen augenzwinkernden Ritt durch die Geschichte von Urzeitaltern bis zur Jetztzeit: Wie organisiert beziehungsweise konstruiert man so einen Zeiten überspannenden Text?

M. Stavarič: Dies sind Bücher, die wirklich viel mit Recherchen zu tun haben – im Grunde geht es darum, dies und das zu sammeln. Je mehr Material, desto besser. Die Arbeitsleistung ist dann eher eine »Montage« beziehugnsweise »Collage«. Ich mag diese Arbeit sehr gerne, weil sie immer eine Parodie darstellt. Und es ist eine gute Möglichkeit, der Welt einen Spiegel vorzuhalten … und in diesem erkennt man Wahres und Falsches, Wichtiges und Unwichtiges, die Mischung hat einen ganz eigenen Reiz.

R. Steiner: In *Magma* surfst du – über einen in die Weltgeschichte diabolisch eingreifenden Zoohändler – vom Tertiär bis ins 21. Jahrhundert. Assoziativ verbindest du untergegangene Kulturen, historisch einschneidende Phasen, besondere Momente und Geschichten bzw. menschliche Ausnahmeerscheinungen. Pointiert gefragt: Alles gleich wichtig?

M. Stavarič: Genau, alles gleich unwichtig. (lacht)

R. Steiner: Geschlechterkriege rund um Liebe und Macht werden im Roman *Böse Spiele* über vier zeitgenössische Figuren mit archaisch anmutenden Menschheitskriegen konfrontiert: Sind Liebe und Krieg die Konstanten der Menschheitsgeschichte?

M. Stavarič: Mit anderen Worten – Krieg und Frieden? (lacht) Nein, völlig richtig. Liebe und Krieg sind zwei wesentliche Konstanten des Mensch-Seins. Und der Krieg beginnt nicht unmittelbar am Schlachtfeld, vielmehr früher. Der »Krieg« ist sozusagen auch Metapher, die vieles inkludiert. Die Menschheitsgeschichte ist eine Geschichte der Auseinandersetzung zwischen positiven und negativen Gefühlen.

R. Steiner: In deinem aktuellen Roman *Brenntage* wurde der Ich-Erzähler in seiner Kindheit und Jugend durch Natur- und Glaubensmythen, die ihm sein erziehender Onkel erzählt, und durch die Dorfgeschichte als soziale Narrative geprägt. Sind es solche über Säkula und Dekaden mäandrierende Diskurse, die insbesondere in Krisenzeiten wieder auftauchen? Und was macht deren Faszination aus?

M. Stavarič: Ich glaube durchaus, dass solche Themen in Krisenzeiten vermehrt auftauchen – weil man sich nach Fluchtmöglichkeiten aus der Realität sehnt, nach einer heileren Welt. Doch muss ich hier auch entschieden von mir weisen, dass dies irgendwie ein Thema in *Brenntage* wäre. Ich wollte vielmehr dadurch eine Art »Zwischenwelt« schaffen, die es schafft, die Krise bis ins innerste Mark unseres Denkens »zu treiben«. Die Faszination liegt also nicht in der »Auffindung einer heileren, tribaleren oder sozialeren Welt«, sondern vielmehr in der Erkenntnis, dass das Grauen selbst dort innewohnt. Völlig richtig: Das Schöne ist des Schrecklichen Anfang.

R. STEINER: Welche Zeiten willst du Kindern am liebsten »zumuten«? Bzw. anders gefragt: Ist in Kinderbüchern die Gegenwart – evemtuell wegen der Persönlichkeitsentwicklung dieser Rezipienten – am wichtigsten?

M. STAVARIČ: Wenn ich so meine Kinderbücher betrachte, dann spielt die Zeit dort eine untergeordnete Rolle. Ich versuche bei meinen Kinderbüchern, gewisse Themen in den Vordergrund zu rücken. Allerdings solche, die durchaus in jedem Erwachsenenbuch enthalten sind – Tod, Katastrophen, gesellschaftliche Phänomene … ich hoffe jedenfalls, Kinder schon recht früh für dieses oder jenes sensibilisieren zu können.

R. STEINER: Vielen Dank für das Gespräch

MARKUS ORTHS IM GESPRÄCH

Heute minus zwanzig Seiten geschrieben!

Markus Orths wurde 1969 in Viersen geboren und lebt heute in Karlsruhe. Er studierte Philosophie, Romanistik und Anglistik in Freiburg und war als Studienreferendar und Lehrer tätig. Bekannt wurde er mit dem satirischen Roman »Lehrerzimmer«, der 2003 bei Schöffling & Co. erschien. Es folgten weitere viel beachtete Romane und Erzählungen. Zu den Preisen, die er gewann, gehören der open mike 2000 und der Telekom-Austria-Preis beim Ingeborg-Bachmann-Wettbewerb 2008. Zuletzt erschien der Roman »Die Tarnkappe« (Schöffling & Co. 2011). Markus Orths schreibt nicht nur, sondern leitet auch regelmäßig literarische Werkstätten.

MARIE T. MARTIN: Lieber Markus, du bist mit *Lehrerzimmer* bekannt geworden. Wann war aber für dich der Zeitpunkt, an dem du voller Inbrunst sagen konntest: Ich bin Schriftsteller?
MARKUS ORTHS: Relativ spät. Erst in dem Augenblick, wo ich nicht nur vom Kopf her verstanden (das war schon früh der Fall), sondern auch »innerlich« begriffen habe, dass ich mich der Ambivalenz beugen muss: Einerseits schreibe ich nicht nur für mich selbst, sondern auch »für« andere Menschen. Andererseits darf ich mich nicht vom »Urteil« der anderen abhängig machen. Das ist natürlich schwer. Es ist vielleicht eine Sache der Erfahrung: Wenn man beim vierten oder fünften Buch merkt, dass es zu jedem Buch euphorische und ablehnende Stimmen gibt; wenn man merkt, dass die Bücher gegeneinander ausgespielt werden; wenn man weiß, dass das Wesentliche der Literatur sich niemals auf der Ebene der Bewertung abspielen kann; dann kann man diese Bewertungsstimmen, ob positiv oder negativ, sehr gut an sich abprallen lassen.

M. T. Martin: Wichtiger als die Bewertung ist also der Arbeitsprozess?
M. Orths: Man muss seine ganze Kraft in das legen, was man beeinflussen kann, und das ist der Text, die Qualität des Textes. Wie der Text dann aufgenommen wird, das kann man nicht beeinflussen. Wenn ich jetzt noch tagelang über Rezensionen oder Leserstimmen brüten würde, dann wäre das fatal. Ich nehme alles zur Kenntnis, freue mich natürlich über Lob wie jeder andere auch, aber stecke dies genauso schnell weg wie jedwede Kritik.
M. T. Martin: Was interessiert dich dann mehr als Lob und Kritik?
M. Orths: Ein existenzielles Gespräch über den Text, jenseits aller Bewertung. Das findet fast nur mit Freunden statt. Der Satz »Ich bin Schriftsteller« hatte für mich also nichts mit Auflagenzahlen oder Anzahl von Übersetzungen zu tun, sondern mit einer inneren Einstellung. Eine unabhängige Abhängigkeit« zu leben, wie oben beschrieben, im Paradoxon zu existieren, das aushalten zu können, das war für mich wichtig. In dieser Beziehung war für mich das Buch *Hirngespinste* sehr wichtig, da ich mir da – unausdrücklich – diese Fragen stellen konnte. Aber auch heute sage ich niemals voller Inbrunst »Ich bin Schriftsteller«. Der Zustand der »unabhängigen Abhängigkeit« ist ein sehr schlingernder und die Sicherheit eines absoluten Statements (»Ich bin ...«) wäre gegenläufig für die Arbeit des Schreibenden, der zweifelt, ringt und kämpft.
M. T. Martin: Seit wann schreibst, ringst, zweifelst und kämpfst du? Und was hat sich in dieser Zeit für dich verändert?
M. Orths: Ich schreibe seit ich physisch schreiben kann, also seit ich sechs Jahre alt bin. Ich folgte dem Vorbild meines Vaters, der religiöse Kurzgeschichten für Kirchenzeitungen schrieb. Das tat ich auch, später dann einen Roman à la Karl May. Mit 19 Jahren einen Roman à la Philippe Djian. Und erst ab 25 Texte, die eine eigene Richtung anstrebten oder einen eigenen Ton suchten. Erst mit 27 habe ich mich getraut, die Texte an Literaturzeitschriften zu schicken. Danach hat sich in den vierzehn Jahren viel verändert. Natürlich gewinnt man Sicherheit und Souveränität, aber eher im Bereich der Auftragsarbeit. Wenn ich für den Rundfunk oder den Karlsruher Rheinhafen Texte schreibe, so kann ich

das relativ schnell machen, weil mich das Schreiben keine Mühe kostet. Der literarische Text dagegen ist jedes Mal ein Neuanfang. Da kann man schwer sagen: Jetzt hast du es gelernt, jetzt läuft es. Da verirre ich mich immer noch oft genug.

M. T. MARTIN: Wobei kannst du dich immer noch verirren, was sind die schwierigen Punkte und wo kannst du sagen: Da habe ich mich entwickelt?

M. ORTHS: Es dauert immer noch, ehe man den Ton, die Perspektive, die Figuren gefunden hat. Da verwerfe ich immer noch einiges. Aber auch hier entwickelt man sich und streicht z.B. schon mal eher Stellen, von denen man weiß, dass sie ohnehin nicht standhalten werden. Aber im Großen und Ganzen ist es immer noch so, dass ich viel Text schreibe, von dem wenig bleibt. Z.B. hatte *Die Tarnkappe* mal 400 Manuskriptseiten, von denen ich rund 180 gestrichen habe. Also, wenn ich mich entwickelt habe, wenn ich etwas gelernt habe, dann das bedingungslose, gnadenlose Streichen. Kürzen ist eine Wonne geworden. Ich verstehe Autoren nicht, die sich »nicht trennen können«. Wildes, wütendes Kürzen ist für mich inzwischen genauso schön wie wildes, wütendes Schreiben. Ich sage dann zu meiner Frau: Ich habe heute minus zwanzig Seiten geschrieben! Es ist doch wunderschön, wenn sich das Schiff nicht vollbeladen mit allem möglichen Dreck durchs Meer quält, sondern frei von aller Last die Segel setzt und zügig durch die Wogen pflügt! Ha! Was für ein Vergleich! Den könnte man glatt kürzen.

M. T. MARTIN: Sehr schön: Heute minus zwanzig Seiten geschrieben, das gefällt mir gut! Hast du eigentlich den zeitlichen Verlauf eines Romans immer vor Augen, wenn du anfängst zu schreiben?

M. ORTHS: Ich weiß, wohin ich will. Ich kenne das Ende. Ich habe eine Struktur, eine Form, bei Romanen oft eine Gliederung. Es gibt einen »Attraktor«, ein Thema, eine Frage, die mich umtreibt, die aber oft Frage bleibt. Durch das Rauschhafte, Assoziative, das mich mitreißt, entferne ich mich dann beim Schreiben von der Struktur, sodass immer genügend Überraschendes für mich selbst geschieht. Bevor ich beginne, gibt es für mich die wesentliche Frage: Was hat der Stoff mit mir selbst zu tun? Ohne diesen Bezug kann ich nicht anfangen. Diese Frage stelle ich nicht immer ausdrücklich, manchmal ist das ohnehin offensichtlich (siehe *Corpus* oder *Lehrerzimmer*). Dann aber auch die Frage: Was an diesem Stoff könnte andere Menschen interessieren? Man kann, wenn man veröffentlichen will, den Leser nicht ausblenden. Man kann nicht in reiner Nabelschau bei sich selbst bleiben. Man existiert nur durch die Blicke der anderen. Man schreibt demnach auch immer im Hinblick auf die anderen, zwangsläufig. Das ist kein opportunistisches Hinterher-Eiern und Anbiedern, sondern eine Grundkonstellation, die es immer wieder sich klarzumachen und zu hinterfragen gilt.

M. T. Martin: Das Zimmermädchen Lynn muss aufgrund ungünstiger Umstände eine ganze Nacht unter dem Bett eines Hotelgastes verbringen. Wie wichtig war der Parameter Zeit für die Grundidee des Buches?

M. Orths: Zeit als Lebenszeit, die uns bleibt, bis zum Tod. Wird diese »Weile«, die uns bleibt, »lang« (Heidegger), erfahren wir Langeweile. Der Langeweile versuchen wir zu entfliehen durch Zerstreuung, aber auch durch Routine, Ritual, Struktur. Stattdessen müssten wir uns der Langeweile stellen, um herauszufinden, was wir mit der »langen Weile«, die uns bis zum Tod noch bleibt, anstellen sollen. Genau das versucht Lynn. In sich und in andere hineinzuhorchen. Aber sie »bleibt sich aus« (Jaspers), findet nichts, wofür sich zu leben lohnt, eine schreckliche Erfahrung, sodass sie sich weiter in Struktur und Rituale flüchten muss wie wir alle. In ihrem Fall ist es das Putzen. (In meinem Fall das Schreiben). Das Wegwischen des Staubs als Bild fürs Wegwischen des Gedankens an den Tod, der nur dann schrecklich ist, wenn wir das Gefühl haben, nicht gelebt zu haben, nichts mit der Zeit des Lebens angefangen zu haben, die uns gegeben wurde . Zugleich ist diese Struktur unendlich wichtig fürs Leben. Ohne eine solche Struktur wären wir nicht lebensfähig. Eine solche Struktur ist also Fluch und Segen zugleich und wir müssen uns ständig mit ihr auseinander setzen.

M. T. Martin: Glaubst du, dass wir Einfluss auf unser Schicksal haben, oder läuft die Zeit wie vorbestimmt ab, und unser Leben mit ihr?

M. Orths: Ich mag das Wort Schicksal nicht. Jeder Mensch kann aus einer Fülle von Möglichkeiten wählen und sein Leben bestimmen. Es sind ihm aber ungleich mehr Möglichkeiten verbaut, die er nicht wählen kann. (Ich kann z.B. kein Hundertmeter-Sprinter werden, weil die Voraussetzungen fehlen.) Die Dinge, die wir nicht beeinflussen oder ändern können, gilt es hinzunehmen, ohne daran Energie zu verschwenden im sinnlosen Versuch, etwas zu schaffen, was von vornherein zum Scheitern verurteilt ist. Die Dinge aber, die wir beeinflussen können, dahinein müssen wir unsere Kraft stecken. Und da bleibt uns immer die Wahl aus verschiedenen Möglichkeiten.

M. T. Martin: Wie gehst du diesbezüglich mit deinen Figuren um? Siehst du deren ganzes Leben vor dir, auch vieles, was vor oder nach der Zeit liegt, die du uns erzählst?

M. Orths: Das ist unterschiedlich. Über Lynn Zapatek (*Das Zimmermädchen*) weiß ich keinen Deut mehr als der Leser. Weder welches soziale Umfeld sie hat, noch was sie gelernt hat, noch weshalb sie in der Klinik war, oder wo der Vater steckt. Ich wollte das alles nicht wissen. Ich wollte beim Schreiben sozusagen unter Lynns Bett liegen und nur den kleinen Ausschnitt schildern, den ich sehe und der mit der Geschichte zu tun hat. Bei anderen Figuren weiß ich sicher mehr und verrate einiges auch nicht. Ich bewundere Schriftsteller, denen es gelingt, in einem einzigen Roman fünf, sechs, sieben völlig unterschiedliche Menschen zu erschaffen, die vollkommen unterschiedlich reden, handeln, leben, denken etc. Also natürlich die klassischen psychologischen Autoren wie Dostojewski, aber auch in neuerer Zeit jemanden wie Philip Roth. Wenn man also Menschen aus Fleisch und Blut auf das Papier zaubert, die sich wesentlich vom »Ego« (in all seinen Facetten) des Autors unterscheiden. Das würde ich gern können. Im überüberübernächsten Buch starte ich einen Versuch ...

M. T. Martin: Rolf Dieter Brinkmann schrieb gerne am frühen Morgen, für andere sind die stillen Nachtstunden am produktivsten. Wann ist deine beste Schreibzeit, wann schreibst du am liebsten?

M. Orths: Von 08:00 Uhr morgens bis 01:00 Uhr mittags.

M. T. Martin: Du bist ein Autor, der viel schreibt und viel veröffentlicht. Hast du auch Zeiten des Leerlaufs? Was tust du dann? Bringst du die Zeit herum, wartest du auf Inspiration, überarbeitest du wieder und wieder oder spielst du Computerspiele?

M. Orths: Ich schreibe leider gar nicht viel. Jedenfalls viel zu wenig. Das ist ein »Image«, das sich völlig falsch etabliert hat: der Vielschreiber. Das ist totaler Quatsch. Wenn ich überlege, wie viel Zeit im Jahr ich mit dem Schreiben und wie viel Zeit ich im Jahr mit anderen Dingen (Management, Geldverdienen durch Lesungen, aber auch Familie, Leben etc.) verbringe, so sind das gefühlte 30 Prozent, die fürs Schreiben bleiben. Wenn man sämtliche veröffentlichten Bücher übereinander legt, sind das bei acht Büchern exakt 1256 Manuskriptseiten (habe ich gerade nachgerechnet). Das macht pro Jahr 157 Manuskriptseiten. Das bedeuten 13 Seiten im Monat! Das sind ungefähr 0,4 Seiten am Tag! Selbst wenn man diese Zahl verdoppelt, aufgrund der vielen gekürzten Seiten und Nebenarbeiten, so finde ich das ehrlich gesagt erbärmlich, jämmerlich wenig. Ich würde gern viel, viel mehr schreiben! Wenn ich (jetzt mal rein quantitativ gesehen) an Dostojewski oder Simenon oder Thomas Mann oder Nabokov oder gar Büchner in seinen jungen Jahren denke, dann wird mir schlecht, wie wenig ich bislang geschrieben habe.

M. T. Martin: Es gibt also eher viel anderes im Leben, das auch seine Zeit fordert, aber keinen Leerlauf?

M. Orths: Bei mir hat es in der Tat noch keinen Leerlauf gegeben (toitoitoi), denn es gibt so viele neue Ideen, dass ich oft gar nicht weiß, welches Projekt ich als nächstes angehen soll. Wenn ich schreiben »darf« (in den Schreibphasen ohne Termine), stürze ich morgens zum Schreibtisch wie sich ein Kind auf eine Portion Eis stürzt und freue mich riesig darauf und kann das auch genießen. Natürlich klappt's nicht jeden Tag optimal, aber meistens schon.

M. T. Martin: Wie schnell hast du deinen schnellsten Roman geschrieben?

M. Orths: Wenige Wochen (circa drei) für das Lehrerzimmer. Dafür habe ich allerdings vorher drei Jahre »recherchiert«, an drei verschiedenen Schulen. Das hat sich von allein geschrieben. Ich musste da nichts mehr groß bearbeiten. Auch alle Versuche, später noch ein Kapitel dazuzuschreiben, scheiterten. Das Ding ist ein einem Rutsch rausgeschlüpft und war irgendwie fertig für mich. Dagegen habe ich eineinhalb Jahre für Catalina gebraucht, durch die lange Recherche vorab noch länger.

M. T. Martin: Wie möchtest du als älterer Herr einmal auf dein Lebenswerk blicken?

M. Orths: Dass es nicht wie bei Günter Grass, sondern wie bei Sergio Leone lief: Das Beste kommt nicht am Beginn (*Die Blechtrommel*), sondern am Schluss (*Es war einmal in Amerika*): Eine stete, kontinuierliche Weiterentwicklung des eigenen Schreibens, das wäre schön. Und dass es neben dem Schreiben von Romanen und Erzählungen auch auf anderen Ebenen geklappt hat. Vielleicht in Sachen Drehbuch, Hörspiel, Kinderbuch und Theater. Nur ein guter Lyriker, das werde ich mit Sicherheit nicht.

M. T. Martin: Und was sind die schönsten Augenblicke beim Schreiben?

M. Orths: Wenn der Punkt erreicht ist, an dem ich das Gefühl habe, nicht mehr selber dort zu sitzen, sondern mitgerissen zu werden von etwas anderem, dann ist das für mich gleichbedeutend mit einem Augenblick Glück.

M. T. Martin: Herzlichen Dank für das Gespräch.

Kurt Drawert
Walter Fabian Schmid befragte den Autor per E-Mail

Es gibt keine geschichtslose Zeit

Kurt Drawert, geboren 1956 in Hennigsdorf (Brandenburg), wuchs in Hohen Neuendorf bei Berlin und ab 1967 in Dresden auf. Von 1982 bis 1985 studierte er am Literaturinstitut Johannes R. Becher in Leipzig und ist seit Abschluss seines Studiums als freier Schriftsteller tätig. Heute lebt Kurt Drawert in Darmstadt, wo er seit 2004 das »Zentrum für junge Literatur« leitet. Kurt Drawert erhielt unter anderem den Leonce-und-Lena-Preis und den Ingeborg-Bachmann-Preis. Er publizierte viel beachtete Romane und Gedichtbände. Zuletzt erschien von ihm »Idylle, rückwärts. Gedichte aus drei Jahrzehnten« (C. H. Beck).

Walter Fabian Schmid: Lieber Herr Drawert, zu welcher Tageszeit schreiben Sie?
Kurt Drawert: Danke, sehr gute Frage. Also das Erste, das ich schreibe, täglich, so zwischen 10.00 und 13.00 Uhr, sind E-Mails. Aber nur, wenn sie über eine Dringlichkeitsmarkierung am linken Seitenrand verfügen. Meistens sind es kleine, recht hübsche Fähnchen, oder, was mir nicht so gut gefällt, rote Ausrufungszeichen, etwas unangenehm für meinen Geschmack, fordernd, da kann ich auch schon einmal abweisend werden und erst einmal gar nicht reagieren. Dann gibt es die Post mit den Mahnbescheiden, Rechnungen, Entschuldigungen bei der Stadtsparkasse, äußerst sensibel. Hier müssen die richtigen Worte noch gefunden werden. Die Steuererklärungen sind eine besonders harte Nuss. Ein wahrer Künstler, aus meiner Sicht, wer diese Vordrucke ausfüllt wie andere ein Kreuzworträtsel. Und dann bin ich schon das erste Mal so ziemlich fix

und alle vom Schreiben und wünschte, ich wäre Briefträger geworden, wegen der Schadenfreude während der Arbeit. Kommt jetzt: »kann man denn vom Schreiben leben?«, bitte?

W.F. SCHMID: Nee, den Gefallen gibt's nicht. Und wenn, dann würd ich zum Thema Zeit fragen, wie lange man davon leben kann. Da ich mich aber vorerst mal lieber im Prämortalen aufhalt, frag ich mich und Sie, ob wir für die Zeit, so wie es sich für ein Luxusgut gehört, nicht doch noch einen Genuss kultivieren können.

K. DRAWERT: Sie haben sich gerade um eine doch recht erfreuliche Antwort gebracht. Schade. Und wieso eigentlich halten Sie sich lieber im »Prämortalen« auf? Ist das nicht ungesund? So kurz, ehe die letzte Klappe fällt, noch Fragen zu stellen? Wir sind doch noch keine achtzig, dachte ich. Oder habe ich falsch mitgezählt?

W.F. SCHMID: Ich befürchte, das haben Sie, leider, *Wir* ist gerade 82. Darf ich nun erst recht keine Fragen mehr stellen? (Das wäre fast ein bisschen suboptimal als Interviewer.) Oder erst recht wieder? Jedenfalls scheint mir das doch jetzt ein guter Standpunkt zu sein, von dem aus man zurückschauen kann; und ich trau mich die Frage, inwiefern Sie – als jemand, der gerade gemeinsam mit jemand anderem aus der Zeit gepurzelt ist – sich geprägt fühlen von der eigenen erlebten Zeitgeschichte

K. DRAWERT: Ich beziehe mich jetzt nur auf Ihren letzten Satz – alle anderen verstehe ich gerade nicht. Ich denke, ich bin, wie jeder, die Summe aller Texte, die ich gelesen habe, freiwillig oder zwangsverordnet. Dann kommen ein paar konstitutionelle Faktoren hinzu, für die man ja nicht soviel kann. Und dann bin ich natürlich auch das, was ich selber der Welt an Texten bereits hinzugefügt habe und auch weiterhin zufügen werde. Das ist vielleicht, was ich mein Subjekt nennen kann. Und das alles ist Geschichte, was soll es sonst sein. Private Geschichte und historische, wenn das Private eine Allgemeinheit repräsentiert, subjektiv objektiv ist. Oder, wie Sartre es sagte: Große Literatur entsteht, wenn subjektive und objektive Neurose koinzident sind. Lassen wir jetzt mal den schon etwas in die Jahre gekommenen Neurosebegriff aus der existentialistischen Psychoanalyse beiseite, der für die Rezeption von Kunst ja gar

nicht viel taugt, weil er das Ästhetische nicht fassen kann, so meint er doch aber, was Fräulein Müller bei Hugendubel mit einer Tasse Trinkschokolade und einem Buch vor sich »das Zeitgemäße« nennt. Aber was soll das Zeitgemäße denn anderes sein, als die Entdeckung des Anderen im eigenen Selbst? Das zeigte Sartre in seiner Flaubert-Analyse *Der Idiot der Familie* in fünf Bänden auf 4000 Seiten, wie sich innere Verfasstheit und gesellschaftliche Realität einander bedingen. Die ebenso hysterische wie hoffnungslos in ihrem Unglück verstrickte Emma Bovary war das zwischen Romantik und Szientismus hin- und hergerissene französische Bürgertum zur Mitte des 19. Jahrhunderts. Ihre Neurose war die Neurose der Zeit, und das hat den Roman so erfolgreich gemacht. Und Flaubert konnte ihn schreiben, weil er diese kulturelle Ambiguität in sich trug und natürlich auch begabt genug war, ihr eine Form und einen damals sehr neuen literarischen Stil zu geben, der die Romantheorie bis heute beeinflusst hat. Dann kam noch das Glück des Skandals und eines politischen Verfahrens hinzu – der erste Fall in der Literaturgeschichte, in dem die Zensur das Gegenteil ihrer Absicht erzeugt hat –, und der Mann war für das Jahrhundert gemacht. Aber jetzt habe ich wohl Ihre Frage vergessen ... Ach ja, natürlich fühle ich mich von der Zeitgeschichte geprägt und präge sie nach besten Kräften und sehr herzlich gerne zurück. Und Ihren ersten Satz mit der Zahl 82 habe ich unterdessen auch verstanden. Sie sind also wunderbare 27 Jahre jung. Meinen Glückwunsch, auch wenn es leider gar nicht so bleibt.
W.F. Schmid: Da überkommt sie mich wohl leider, die Zeit, da haben Sie recht. Aber wo soll ich denn sonst hin? Ich komm doch hier nicht raus, aus meinem zeitlichen Rahmen. Ich kann die Zeit ja nicht steuern. Sie als Schriftsteller können das, Sie sind Herr über die Zeit und können sie in Romanen frei bestimmen. Sie können einen Text vor 100 Jahren leben lassen, in 100 Jahren, oder gelebte und noch zu lebende Epochen miteinander kreuzen, wie Sie wollen. Aber das reizt Sie wohl weniger, damit kann ich Sie nicht hinter dem Ofen hervorlocken, oder?
K. Drawert: Den letzten Ofen, hinter dem Sie mich hätten hervorlocken können, hatte ich in der DDR. Das sind so die Nachteile im Fortschritt

allgemein betrachtet. Aber Sie meinen hier natürlich den berühmten symbolischen Ofen und die erfundene Zeit, die Simulation. Gewiss, das ist eine grandiose Möglichkeit, der Chronologie von Ereignissen zu entkommen, und den finalen Verfall, wie er in allen Dingen steckt, ein wenig aufzuhalten. Die erzählte Zeit in einem Text bringt hervor, was schon lange verschwunden ist, hält fest, archiviert, während die Zeit des Erzählens wie unsere Lebenszeit vergeht. Diese Ausdehnungen von Zeit sind ein Kapital, das einzige, das wir wirklich besitzen, in der Kunst zumindest, und im Leben eben gerade nicht. In Wahrheit dreht sich alles nur um die Zeit, über sie zu verfügen als ein privates und von einem selbst verwaltetes Eigentum. Die Enteignung von Zeit findet in dem Moment statt, in dem ich mich ausbeuten lasse oder ausgebeutet werde – also annähernd ständig. Was Marx über das Kapital des Geldes schrieb, gilt heute und uneingeschränkt für das Kapital von Zeit, denn in ihr ist alles codiert, was auch zu Geld werden kann.

»Remember that time is money«, sagte Benjamin Franklin zu einem jungen Geschäftsmann und hatte damit schon im 18. Jahrhundert die kürzeste ökonomische Formel gefunden, die es dazu gibt. Jetzt stellen Sie sich doch bitte einmal vor, was ein Gedicht für eine grandiose Geldmaschine ist, wenn eine maximale Erfahrungsdichte auf einer minimalen Zeichenfläche erscheint. Ganze Enzyklopädien können das nicht ersetzen, was an sinnlicher, körperlicher, unbewusster Wissensenergie in einem Gedicht erzeugt wird. Und wie lange liest man an einem Gedicht? Sehen Sie, wieviel Zeit, äußere Zeit, gespart wird, um innere Zeit, substantielle Zeit, dafür zu erhalten? Und sind schon jemals die Betriebswirte und Finanzexperten, die Geldhersteller und Geldverwalter darauf gekommen, dass sie von der Literatur – und von der Lyrik im besonderen – einen schier unermesslichen Reichtum erben, quasi geschenkt? Und danken sie es? Etwa mit einer Mehrwertausgleichszahlung in Höhe der Rendite für einen Banker? Gedichte sind Bankomaten der Sprache, ganz klar. Vielleicht sollten wir jetzt einmal unsere Forderungen an die Gesellschaft überdenken und neu definieren. Denn nicht wir bekommen etwas geschenkt, wenn wir irgendwo im Anblick tobender Kühe ein Stipendium mit Präsenzpflicht absitzen, sondern die Gesellschaft, der wir kostenlos produzierte Zeit überlassen. Und das für einen Stundenlohn von vielleicht einsfünfundzwanzig bei Prosa und nullfünfundzwanzig bei Lyrik. Brutto, versteht sich.

W.F. Schmid: Ich glaub, das versteh ich grad nicht ganz. Ist der Überschuss an Zeit, den ein Gedicht produziert, denn nicht gerade der zeitliche Mehraufwand, den die Lektüre verlangt und somit dem Leser eigentlich Zeit raubt? Zumindest, wenn man die »maximale Erfahrungsdichte« auskosten will, dann ist es doch eine Frechheit, was sich so ein kurzer Text an zeitlichem Aufwand herausnimmt. Mit ihrem zeitkapitalen Ansatz könnten sich also nur reiche und besserverdienende Menschen mit Dichtung beschäftigen. Doof, wenn die für die Lektüre dann so viel Geld lassen müssen, weil ihre Zeit noch dazu teurer ist ...

K. Drawert: Sie gehen jetzt davon aus, dass für die Rezeption von Lyrik unbegabte Leute einen Übersetzungsaufwand betreiben, der ein Vielfaches der Zeit umfasst, die für die Entstehung notwendig war. Leider falsch. Wer einen Satz wie *Der Anzug hält sich aufrecht für die schöne Blume im Knopfloch* nicht sofort versteht, versteht ihn nie, und wer ihn nicht verstehen will, gibt sich auch gar nicht erst damit ab. Wir reden hier nämlich nicht vom diskursiven Wissen, das man irgendwann einmal kapiert haben kann, wenn man nur gründlich aufpasst, sondern vom intentionalen. Ich spreche hier auch gern vom körperlichen Wissen, das größer und tiefer ist als unser Bewusstsein es zu fassen vermag. Haben Sie die Vorlesungen von Lacan gelesen? Was er zur Psychoanalyse sagt, trifft sich komplett mit meinen poetologischen Vorstellungen. Texte stellen mit uns etwas an, konditionieren uns, dringen in uns ein, breiten sich aus, vergiften oder heilen, strukturieren uns. Die Tiefenwirkung von Literatur ist auf narrativer Ebene nicht zu ermessen. Also kann auch ein Gedicht nicht in der Enthüllung eines selbstproduzierten Geheimnisses seinen Anlass haben. Von daher gibt es also auch keine Zumutungen der Literatur, dass sie Zeit nimmt anstatt gibt. Recht haben Sie dort, wo wir Quark in den Händen halten, der Literatur zu sein vorgibt und zwischen zwei Buchdeckel gebracht die armen Leser traktiert.

O ja, da will man schnell raus aus so einem Schmöker und die Stunden zurück, die man hier schon verloren hat. Aber die unendlichen Texte, mit denen man nie wirklich fertig werden kann, weil sie sich mit uns ständig verändern – ich bitte Sie, diese Zeit, diese Arbeit, die immer auch eine Arbeit am eigenen Selbst ist, als einen immensen Gewinn zu verbuchen.

W.F. Schmid: Kann Zeitproduktion auch anders geleistet werden, oder kann das nur die Kunst?

K. Drawert: Zeit kann jede Maschine produzieren, und das um so mehr, je effektiver sie ist. Die Rothschilds hatten auf diese Art ihren Reichtum begründet, weil ihre Kuriere schneller in London als andere waren und englische Staatsanleihen kaufen konnten, während die Londoner *upper class* noch gar nichts über den Ausgang der Befreiungskriege in den Vereinigten Staaten wusste. Oder nehmen Sie das Internet. In Sekunden bekommt man alles geliefert, was man gerade wissen will und wofür man früher Stunden und Tage in Bibliotheken verbracht hätte. Man spart also Zeit. Das Fatale ist nur, dass wir von dieser Zeit nichts haben, da sich im gleichen Maße, wie wir Zeit einsparen konnten, das Kommunikationsnetz derart verdichtet, dass wir diese Zeit sofort wieder verlieren. Und ich meine, wir verlieren mehr, als wir gewinnen. Das ist unser moderner notorischer Stress. Ein Geschäftsmann gleich welcher Branche kann es sich nicht leisten, einmal nicht am Netz zu hängen wie ein Süchtiger an der Nadel. Ständig piepst und tickert etwas im Hosenschritt. Ich meine, wollen Sie tauschen? Sie machen gerade ihr natürlichstes aller Geschäfte und müssen zum Handy greifen, weil es in der Jacke klingelt? Und er muss ran, er muss einfach, weil sonst möglicherweise ein Deal platzt. Oh Herr, beschütze uns und die Schwachen. Was ich sagen will: Die Zeit, die eben gewonnen war, ist gleich wieder weg. Es ist wie mit dem Geld. Man hat es und gibt es sofort wieder aus.

Das alles sind grandiose Täuschungen der Moderne, an denen ein paar Leute sehr viel verdienen. Die einzige Lösung des Dilemmas wäre eine Akkumulation der Äquivalenzwerte, wie sie der Kapitalismus ja auch produziert. Wenn Sie zum Beispiel so viel Geld haben, dass es sich selbst vermehrt, und das heißt dann eben auch, soviel Zeit zu haben, dass ich Zeit im eigentlichen, positiven Sinne besitze. Da wuseln und wischen dann eine Menge Billiglohnjobber durch Ihren Haushalt, wie in Dubai etwa, wo im Durchschnitt auf jeden Einheimischen zehn Gastarbeiter kommen, die dann schon auch einmal saubere Wäsche zur Wäscherei fahren oder leere Kisten bewegen, weil es wirklich zu tun gar nichts mehr gibt. Die positive Zeit für den einen ist negative Zeit für den anderen, weil der eine sie von dem anderen ganz einfach abkauft. Diese Zeit nun, diese praktische, durch Technologien beschleunigte Zeit steht in einem reinen Verhältnis zum Realen und löscht sich im Realen auch wieder aus. Unsere Zeit aber, von der ich im Zusammenhang mit Kunst und Literatur rede, steht in Beziehung zum Imaginären. Sie ist unendlich und wir partizipieren von dieser unendlichen Energie. Die Zeit in einem Gedicht beispielsweise, weil ich vorhin davon sprach, produziert ein zeitliches Volumen, das es nicht wieder zurück haben will. Alles andere sind Leihgaben oder sehr schlechte Tauschgeschäfte, auch wenn »Geschenk« auf der Verpackung steht.

W.F. Schmid: Da würde mich aber interessieren, wie Sie zum *Kongress der Gemeinden und Regionen* des Europarates stehen. Vielleicht kann der uns ja Zeit schenken. Auf seiner 19. Tagung (26. – 28. Oktober 2010) forderte er jedenfalls die Einrichtung von »Zeitbüros«. Die Ressource Zeit solle durch neue Stadt- und Raumverwaltung besser auf die geänderten Lebensstile – die ja auf veränderte Arbeitsmuster und soziale Verhaltensweisen zurückzuführen sind –, abgestimmt werden. Wenn also die tägliche Lebensorganisation stärker an den Zeitpolstern nagt, dann solle die städtische Zeit besser an die soziale Zeit angepasst werden. Wär das denn eine Hilfe? Braucht es staatliche Eingriffe zur Verbesserung des privaten Zeitmanagements oder ist das bedrohlich für die Selbstbestimmung? Vielleicht mangelt's auch an individueller Zeitkompetenz?

K. Drawert: Ich weiß von diesem Kongress nichts, aber klingt er nicht nach einer letzten großen Ausbeutung unserer Innerlichkeit, die sich in der Zeit als freigewordene Zeit materialisiert? Wir bewegen uns hier jetzt wirklich nur auf der Ebene des Realen mit all ihren utilitaristischen Scheußlichkeiten. »Zeitmanagement« heißt doch nichts anderes, als noch mehr Saft aus der Zitrone zu pressen, quasi den letzten Tropfen Subjektivität auch noch zu verwerten. Das geht dann zu wie bei dem Stallknecht Hippolyte in Flauberts *Madame Bovary*, der erst durch eine falsche Behandlung sein Bein verliert, weil man ihm seinen Klumpfuß richten wollte, an dem er gar nicht gelitten hat, und dem man dann die beste Prothese aus Paris kommen lässt, in der Zeitung kommentiert mit den Worten: »Was für ein Fortschritt! Was für ein Humanismus!«

W.F. Schmid: Ihr neues Buch *Idylle, rückwärts* zeigt auf dem Rückumschlag ein halb verdecktes Ziffernblatt einer Uhr, auf dem Überzug ist das Ziffernblatt ganz verdeckt. Das sieht aus wie eine Sonnenfinsternis. Will das Buch denn damit eine Zeitfinsternis abbilden? Und – weil das Buch Gedichte aus 30 Jahren versammelt – will ihr Werk im Gesamten eine Zeitfinsternis oder geschluckte Zeit vertextlichen?

K. Drawert: Oh, das wird jetzt aber schwer für mich. Erst einmal: Was ist denn ein »Überzug«? Ist das ein Fachbegriff? Ich denke da eher an Gummis für den Mann oder an Schonbezüge im neuen Lamborghini. Ich habe ja auch die Gestaltung des Buches selbst nicht gemacht. Aber ich finde sie sehr gut, von einem exzellenten Buchgestalter in Zürich entworfen, Leander Eisenmann, der auch für meinen Roman zwei Jahre vorher eine wunderbare, intelligente Bildidee fand. Die beiden Bücher korrespondieren gestalterisch miteinander, das finde ich hervorragend und auch wichtig für den Markt. Schlecht gemachte Bücher haben es so schwer wie hässliche Mädchen am Laufsteg – es will sie keiner. Und in einer Zeit, in der die Verpackung, was die Bedeutung betrifft, den Inhalt fast schon vollständig abgelöst hat, ist das geradezu zwingend. Aber ich verlaufe mich gerade und finde Ihre Frage nicht. Nun, Zeit und die Zerstörung von Zeit, nicht im Sinne einer biologischen Vergänglichkeit, sondern in dem der Okkupation durch eine über uns verfügende Macht, das ist schon eins meiner Themen, die immer wieder durchdacht und ins Bild gebracht werden. Auf der Vorderseite des Umschlags, U2 genannt, ist es eine Art Riesenrad, das in seinen Abgrund rauscht, in seine ontologische Negativität. *Idylle, rückwärts* eben. Sie finden es nicht gut? Innen ist dann, auf dem Cover, das Sie Überzug nennen, eine erloschene Sonne, und auf U4 jene halbverdeckte Uhr, die auf dem Cover dann schwarz ist. Ich würde so ein Buch kaufen, ganz klar.

W.F. Schmid: So viel mehr über das Verhältnis ihres Werkes zur Zeit und deren Verarbeitung im Werk weiß ich jetzt noch immer nicht. Vielleicht noch mal was Allgemeines: Wie würden Sie sagen, hat sich ihre Schreibweise in den letzten 30 Jahren verändert, aus denen das neue Buch Gedichte versammelt?

K. Drawert: Was für eine Zeit, in Gottes Namen, meinen Sie denn? Die historische? Die biografische? Die reale? Die imaginäre? Die symbolische? Die empfundene oder mit der Taschenuhr gemessene? Die Zeit im Text oder die Zeit, die der Text braucht, um gelesen zu werden? Das müssen wir jetzt wirklich einmal festlegen, wenn wir uns auf die poetische Zeit, von der ich ständig zu sprechen versuche, und die Sie aus mir verborgenen Gründen nicht anerkennen können, nicht einig werden. Und in der poetischen Zeit, in der Zeit eines Gedichtes oder einer Erzählung, fließen alle Zeitformen zusammen und ergeben das Werk, das seinen eigenen Gesetzen folgt und seine eigene Wirklichkeit herstellt, die in Referenz steht zur objektiven Wirklichkeit der Welt. Oder wollen Sie jetzt tatsächlich hören: Ja, die Zeit nagt uns am Fleisch und leider auch an meinem? Aus was sonst soll Literatur denn gemacht sein, wenn nicht aus all dem, was in der Zeit und in der Geschichte der Zeit passiert? Natürlich habe ich auf Ereignisse meiner Zeit, meiner Lebenszeit, um es jetzt genau zu sagen, reagiert, habe sie im Essay reflektiert oder poetisch im Gedicht oder erzählend im Roman oder dramatisch im Theaterstück. Aber ich bilde sie doch nicht ab, und ich verfüge auch nicht darüber, was wie und überhaupt in den Texten erscheint.

Die Entstehung von Literatur ist eine höchst komplexe, unselbstverständliche Angelegenheit, die von vielen inneren und äußeren Bedingungen abhängig ist und auch mit einem Unterbewusstsein korrespondiert, für das es sowieso keine Evidenz gibt – wie also könnte ich darüber verfügen? Natürlich bin ich Zeitzeuge, betroffen oder unbetroffen, wütend oder enttäuscht oder traurig wie jeder, und natürlich habe ich ein politisches und ein moralisches und ein soziales und ein ästhetisches Bewusstsein, das sich zu diesen Dingen verhält. Aber das alles hat mit Literatur erst einmal noch gar nichts zu tun, sondern mit dem Leben, aus dem Literatur geformt wird. Es ist der blanke, bedeutungslose Stoff, der erst noch zu einer Form und zu einer Aussage gebracht werden muss, die relevanter ist als diese oft sinnlos vor sich hindösende Realität, von der Sie so emphatisch andauernd reden, und die mich, offen gesagt, fast nur deprimiert oder langweilt, jedenfalls für mich kaum der Rede wert vergeht.

Darum vielleicht bin ich auch etwas gereizt einer Literatur gegenüber, die einen Realismus simuliert, der vorgibt, real zu sein. Das habe ich schon am DDR-Realismus, *sozialistischer Realismus* genannt, so abscheulich gefunden und so arrogant und so schließlich dumm, diese Vorstellung, dass ich vom Leben eine Kopie ziehen kann. Anmaßend auch den Dingen gegenüber, die sich naturgemäß der Sprache verweigern. Das alles steht mit dem Begriff vom *Engagement*, den ich, mit einem Satz Jean Paul Sartres aus dem Jahre 1960: »Wenn die Literatur nicht alles ist, ist sie der Mühe nicht wert. Das will ich mit *Engagement* sagen«, immer verteidigt habe, überhaupt in keinem Konflikt. Im Gegenteil. Erst in der Form beglaubigt sich der Inhalt. Und das beste Anliegen ist nichts wert, wenn es an seiner eigenen Rhetorik scheitert. Etwas anderes ist Ihre zweite Frage nach dem Stil, ob er sich in den dreißig Jahren, die meine Gedichtsammlung umfassen, verändert hat. Über den Stil zu sprechen führt hier nun wirklich sehr weit. Was ist »Stil« und gibt es ihn überhaupt? Auf keinen Fall ist er eine Konstante, weil er ein Verhältnis ausdrückt, das sich permanent verschiebt: das Verhältnis einer Sache zu einem Satz. Dieses Verhältnis wiederum zeigt uns den Autor, so dass man schlichtweg auch sagen kann: Der Stil ist die Persönlichkeit desjenigen, der ihn gebraucht. Ich selbst rede lieber vom »Ton« als vom »Stil«. Der »richtige Ton« heißt dann, ein adäquates Verhältnis zu einem Gegenstand, über den man schreiben will, gefunden zu haben. Davon hängt jede Ökonomie eines Textes ab, verkürzt gesagt.

Aber ich weiche jetzt aus, weil es mir schwerfällt, über mich selbst zu schreiben. Ich denke aber schon, dass sich ein wesentlicher Grundton über alle Zeiten und Verhältnisse hinweg durchgesetzt und erhalten hat: die Skepsis. Einmal ironisch, einmal elegisch, einmal im Rhythmus der metrischen Bindung und einmal im Parlando der freien Rede dargestellt. Die Stoffe ändern sich, die Haltungen nicht, und das verschafft mir, nun, wenn ich es einmal so sagen darf, auch etwas Genugtuung innerhalb aller Zweifel, von denen es wahrlich genug gibt. Gerade die Wendejahre der 1990er mit ihren grandiosen Paradigmenwechseln hat für mich ästhetisch gar nichts bedeutet. Ich konnte mit demselben Blick auf die Dinge fortfahren, desillusioniert von Geschichte, wie ich es von Anbeginn war. Das lässt sich in den Gedichten nachlesen, diese sehr feste, konstante und auch kompromisslose Haltung zur Welt. Bitte verstehen Sie mich jetzt nicht falsch: Ich lobe mich selbst überhaupt nicht; aber ich lobe den Dichter, der in einer Person verborgen ist, die ich bin, mir selber sehr uninteressant. Wenn es um meine Person geht, zucke ich immer zusammen und ziehe mich zurück. Mein Schutz sind meine Bücher, in ihnen habe ich alles für mich Wichtige gesagt – der Rest sind Irritationen und halbe Wahrheiten, die allenfalls für die Psychoanalyse von Bedeutung sind, aber nicht für das öffentliche Leben. Ich bin immer wieder erstaunt, wie offensichtlich gern sich einige in ihre körperlichen Öffnungen blicken lassen, ihre banalen Verwerfungen voyeuristischen TV-Skandalen zur Verfügung stellen und ihre platten Empfindungen in die Kameras nuscheln, als gehörten sie zum Weltkulturerbe an und für sich. Das ist natürlich Ausdruck einer restlos verkommenen und exhibitionistisch ausgerichteten Massenkultur, aber leider auch mehr: die medialisierte Pathogenese einer verlorenen Beziehung des einzelnen zu sich selbst. Für einen Moment der Anerkennung würde man so vermutlich alles tun.
W.F. Schmid: Wenn sie die Möglichkeit hätten, die Sie langweilende und deprimierende Realität für einen Tag zu verlassen und in eine andere Zeit zu wechseln, welche Zeit wäre das dann?
K. Drawert: Gute Frage. Ich weiß es nicht. Wahrscheinlich keine. Überall und immer wäre ich wohl auf der Flucht vor den Dingen, die so sind,

wie sie sind. Deshalb gehe ich ja wohl auch mit der Vorstellung fremd, ich könnte »verschwinden im Körper der Texte«. So heißt auch ein Essay von mir, den ich mit in meinen Auswahlband genommen habe (*Die Lust zu verschwinden im Körper der Texte*). Aber das ist keine romantische Flucht, denke ich, sondern nur eine besondere Art der Bewältigung von Realität, die Realität doch sehr genau benennt. Jedoch über diesen poetischen Umweg, der in Wahrheit eine Verkürzung ist.

W.F. Schmid: So ist ja auch der Protagonist in ihrem Roman *Ich hielt meinen Schatten für einen anderen und grüßte* angelegt; er will ja auch aus »Lust am Verschwinden« in der »Sprache versinken«. Er ist »als Staub der Geschichte mit Sprache vollgesudelt« – und wenn ich das richtig auslege, gehört das auch zu ihrer Aussage über die Okkupation von Zeit. Der Protagonist macht sich so zur Aufgabe »nach einer Sprache zu suchen für die Geschichte am anderen Ende der Wirklichkeit.« Wie sieht für Sie eine Sprache aus, von der die Geschichtslast gekratzt wurde?

K. Drawert: Mein Roman ist so unendlich, dass ich ihn selbst nur teilweise verstehe. Mir ist da etwas sehr schwer Darstellbares passiert. Und es passiert mir weiter, in der Fortsetzung, an der ich schreibe. Vielleicht ist es die psychoanalytische Schreibkonstellation, der radikale Monolog, die Projektionsfläche, auf der sich eine tief verborgene, innere Welt bricht; den Begriff vom Unterbewusstsein möchte ich jetzt mit Absicht nicht gebrauchen, weil Literatur immer mit Form zu tun hat, also im Bewusstsein erscheint. Das Grundmotiv, die Intention des Textes, ist gewiss diese Ambiguität in der Sprache. Einerseits ist sie geschaffen, um uns zu beschriften und fremdzuverwalten, andererseits birgt sie die Freiheit in sich, dieser Fremdverwaltung zu entkommen durch die eigene, subjektive Schrift. Es ist die Aktualisierung der Sprache im Akt des Sprechens. Jene *parole*, die der *langue* entgegensteht, oder wie Barthes es sagt: *Langue* ist *langage* minus *parole*. Der Kaspar-Hauser-Mythos ist ja, wenn man so will, ganz und gar *parole*, also eine extreme Form der Aktualisierung des Sprechens. Die extremste Form, die es überhaupt gibt, ist die Selbstreferenz in der Psychose. Die Sprache zerfällt, aber das ist schon Machtdiskurs und medizinischer Blick. Man kann auch sagen:

Die Sprache verweigert sich zu kommunizieren, dann haftet dieser unheimlichen Krankheit eine Rebellion an, ein Versuch zum Umsturz der Werte und Bedeutungen. Das auch macht Sprachstörungen so interessant: Sie unterbrechen die Kontinuität, weil sie ihr unbewusst misstrauen. Ein Stotterer bewahrt ein Geheimnis für sich, mit dem er auf die selbstverständliche Transparenz um sich herum antwortet. Dieses Geheimnis ist die – in diesem Fall gegen sich selbst gerichtete – Rebellion, denn er verweigert sich immer dort der Stimme, wo seine Antwort diese semiologische Rebellion verrät. Kurz: Er kann nicht lügen. Kaspar Hauser konnte auch nicht lügen, er hatte es in seiner Isolation einfach nicht gelernt, und deshalb musste er getötet werden. Bei mir wird das in einem Satz erwähnt: »Man muß nur lernen zu lügen, ohne zu schielen, Mutter[1], und schon geht es weiter.« Nun, das Wesentliche oder Moderne bei meinem C. H. ist aber die Umkehrung des Gedankens der Störung, jenes »als Staub der Geschichte mit Sprache vollgesudelt«, das Sie zitieren. Er spricht ohne Unterbrechungen, exzessiv, monomanisch, um sich gewissermaßen das Sprachgift aus dem vergifteten Körper zu reden. Allein deshalb konnte ich auch keine Absätze in den Text bringen, der dadurch natürlich ein Stück weit unleserlich wird. Eine doch sehr gescheite Rezensentin in einem großen Feuilleton hat das erkannt, aber leider nicht recht verstanden und gefragt, ob der Verlag Papier sparen wollte. Aber wie kann man denn das Unzumutbare zu einer guten Lesbarkeit bringen? Das wäre doch nun wirklich des Opportunismus zu viel.

In einem Text über Auschwitz, an dem ich mehrere Jahre geschrieben habe wie an einem Palimpsest, immer von neuem, wie ein Erzähler, der ich bin, der als »Tourist«, schreckliches Wort, durch die musealisierte Gaskammer geht und sich einbildet, in der falschen Zeit zu sein, da habe ich zum ersten Mal verstanden, dass es eine syntaktische Entsprechung geben muss für ein Grauen, das sich jeder Sprache verweigert. Und wenn meine tragische, komische, in jeder Hinsicht insuffiziente

---

[1] Hier nur als Füllwort zu verstehen (da uneigentlich)

Figur sich im zweiten Teil des Romans in New York einer Lobotomie unterzieht, um nichts mehr fühlen (und auch nicht mehr sprechen) zu müssen, dann können Sie sich ja vorstellen, wie inkohärent es weitergeht. Ein Text, der nicht irritiert oder schmerzt und zu neuen Sichtweisen zwingt, ist sinnlos für mich, für mein Verständnis von Literatur, ein bisschen altmodisch vielleicht, heute, wo es um Verkaufszahlen geht und dann lange erst einmal um gar nichts. Egal. Wir kommen nicht aus unserer Haut, die beschriftet ist, da haben wir es ja wieder. Jedenfalls ist meine Hauser-Figur geradezu die Negation des Originals, eine Art Michael Heizer der Literatur, das wollte ich sagen. In *Buch zwei*, so der Titel, wird auch er die Sprache wieder erlernen, aber im *Schatten* musste er sie geradezu erbrechen, um frei zu werden. Und in *Buch zwei* gibt es dann diesen chirurgischen Schnitt ins Gehirn. Ihre zweite Frage, wie eine Sprache aussehen könnte, an der sich die Geschichte nicht vergangen hat, so oder so ähnlich, kurz: Eine solche Sprache gibt es nicht, weil es keine geschichtslose Zeit gibt. Es ist die romantische Transzendenzerfahrung, die meine Figur natürlich im Sinn hat, das sich verströmende Selbst bei Novalis zum Beispiel. Und vielleicht brauchen wir diese Utopie einer reinen (das heißt geschichtsfreien) Sprache, um uns überhaupt durch die Sümpfe eines zweckbestimmten Sprechens bewegen zu können. Irgendwie müssen wir ja aus den Gefängnissen der Aktualität entlassen werden können, uns selber entlassen können, hoffe ich inständig, manchmal.

W.F. Schmid: Und dann nämlich »geht auch dieses Licht aus, / und ich weiß nichts mehr.« (*Tagende*) Danke.

Kathrin Röggla im Gespräch

Eine rasante Taktung, die den Ton angibt

Kathrin Röggla, geboren 1971 in Salzburg, studierte Germanistik und Publizistik. Seit 1988 schreibt sie Prosa und arbeitet für Hörfunk und Theater. In ihren Texten greift sie aktuelle politische Diskurse und deren Rezeption in den Medien auf. So setzt sich ihr 2009 uraufgeführtes Stück »Die Beteiligten« kritisch mit dem Umgang der Medien im Fall der entführten Österreicherin Natascha Kampusch auseinander. Der Text »die alarmbereiten« behandelt die medialen Bedrohungsszenarien und eine in ständigen Alarmismus versetzte Gesellschaft. Ausgezeichnet wurde sie zuletzt mit dem Franz-Hessel-Preis und dem Nestroy-Theaterpreis.

Johanna Hemkentokrax: Liebe Kathrin Röggla, es geht um Zeit: Wie teilen Sie sich ihre ein? Haben Sie feste Schreibzeiten? Arbeiten Sie lieber tagsüber oder nachts? Haben Sie ein Schreibtempo, eine Art Schreibrhythmus?
Kathrin Röggla Zeiteinteilung ist ein großes Thema für mich, da ich Familie habe. Insofern gibt es automatisch von außen bestimmte Zeiten, in denen ich schreiben kann. Früher habe ich einfach zwischen 9.00 und 10.00 Uhr morgens angefangen und irgendwann am späten Nachmittag oder frühen Abend aufgehört. Meine Schreibzeit schien ein endlos freier Raum, den ich an beliebiger Stelle mal für Ruhepäuschen unterbrechen konnte. Heute ist es so: Wenn alle gesund sind, dann schreibe ich vormittags von 8.00 bis 13.30 Uhr. Und dann noch mal ein halbes Stündchen da oder dort. Es sei denn, ich nehme Nachtarbeit dazu. Ich hatte eine ganze Phase, da stand ich um 4.00 Uhr auf und arbeite bis 8.00 Uhr, und

das war wunderbar, aber super anstrengend. Erstaunlicherweise befördert die Begrenzung auch gewisse kreative Prozesse, man arbeitet zudem meist konzentrierter.

J. Hemkentokrax: Alle Welt spricht von Stress und Zeitdruck und davon, dass unsere Zeit immer knapper und »schnelllebiger« wird: Ticken die Uhren wirklich anders oder kommt einem das nur so vor?

K. Röggla: Der herrschende Zeittakt ist wahrlich ein hektischer, ein paar Sekunden an der Börse entscheiden über Millionen. Die reale individuelle Zeiterfahrung misst sich daran, insofern wird ein ruhiger Zeitfluss oftmals als Stillstand erlebt. Die reale Zeiterfahrung ist zudem eine, die mit verschiedenen Zeittaktungen klarkommen muss, selten leben wir in selbstbestimmter Zeittaktung, meist ist es »enteignete« Zeit.

J. Hemkentokrax: Sie haben sich Zeit für dieses Interview genommen, das heißt, ein bisschen Zeit haben Sie also schon … Haben Sie im Alltag oft Zeitnot? Nehmen Sie sich die Zeit für bestimmte Sachen einfach, obwohl Sie eigentlich keine hätten?

K. Röggla: Ich schreibe dieses Interview im Bus zum Flughafen Basel, es ruckelt, ich vertippe mich ständig, aber ich kann es zumindest machen, denn ich finde das Thema, wie gesagt, sehr spannend … Ja, ich habe einerseits rasante Zeitnot für viele Sachen, habe für »mich selbst« derzeit sehr, sehr wenig Zeit oder gar keine Zeit, allerdings habe ich viele große Zeitinseln am Tag mit meinen Kindern. Wenn ich mit meinem Sohn spazieren gehe, ticken die Uhren plötzlich sehr langsam. Und mit meiner Tochter wird es noch langsamer. Das finde ich ziemlich lustig, diese unterschiedlichen Taktungen zu erleben, damit es lustvoll wird, muss man sich dem aber auch immer wieder überlassen können und loslassen von einer inneren Unruhe. Dann kann ich diese erzwungene Verlangsamung aber durchaus auch als Luxus erleben.

J. Hemkentokrax: Hat Zeit heute generell eine andere Bedeutung als früher?

K. Röggla: Ja, wie gesagt, heute spricht man von Zeitflexibilisierungen und Parallelzeiten, Internetzeit und »Realzeit«, es gibt keine gültige starre Hauptzeit mehr, nur eine rasante Taktung, die den Ton angibt.

J. Hemkentokrax: Wie sieht es mit der Zeit innerhalb eines Textes aus? Stellt sich manchmal die Frage: Momentaufnahme versus geraffte Geschichte? Wie entscheiden Sie da bzw. mit welchem Tempo fühlen Sie sich als Autorin wohler?

K. Röggla: Das kann ich so pauschal nicht beantworten. Aber im Grunde liebe ich es auch da, zwischen den unterschiedlichen Zeitdarstellungen zu springen, eben das zum Thema zu machen, was ich oben beschrieben habe. Diesbezüglich hat Literatur auch viel mit Musik und dem Tanzen zu tun, bei dem man sich ja auch unterschiedliche Zeitwahrnehmungen direkt körperlich umsetzt.

J. Hemkentokrax: Sie entwickeln Ihre Texte oft in verschiedene Richtungen bzw. Formen, aus einem Text entsteht zum Beispiel Prosa, Theatertext und Hörspiel. Je nach Form gibt es da ja ganz unterschiedliche zeitliche Rahmen. Wie gehen Sie damit beim Schreiben um? Wie legen Sie die Zeit oder den zeitlichen Raum für die jeweilige Form fest?

K. Röggla: Die unterschiedlichen Rahmen geben unterschiedliche Antworten auf den Text bzw. er wird dann jedes Mal ein anderer. Dies ist von Anfang an Bestandteil meiner Arbeit, das heißt, dass ich das ermögliche und dass diese Offenheit und Beweglichkeit des Textes mit seinem »Inhalt« etwas zu tun hat.

J. Hemkentokrax: Sie gelten als politische Autorin und als eine der kritischsten literarischen Stimmen der Gegenwart. Wie nehmen Ereignisse ihrer Zeit Einfluss auf ihr Schreiben?

K. Röggla: Durch die gesprochene Sprache. Über die Diskurse. Das ist beides Ausgangsmaterial für meine Texte. Oder anders formuliert. Ich brauche beim Schreiben dieses »Gegenüber« der Sprachen der vermeintlich Anderen. Ich muss mich in Beziehung setzen, reagieren.

J. Hemkentokrax: Wird Zeit heute und in Zukunft vielleicht relativer, weil wir mehr Möglichkeiten haben sie zum Beispiel durch Neue Medien zu rekonstruieren bzw. Ereignisse quasi »live« über längere Zeiträume festzuhalten? Machen uns Youtube und Twitter tatsächlich zu Zeitzeugen von allem, was rund um den Globus passiert? Was für Auswirkungen hat eine solche neue »Erlebbarkeit« der eigenen Zeit?

K. Röggla: Dass wir uns der unterschiedlichen Zeittaktungen bewusster werden. Wir meinen, über die Medien Herrschaft über die Zeiten anderer zu bekommen, allerdings beherrschen die Medien unser Zeiterleben ebenfalls immer mehr. Zeugenschaft ist etwas Relatives. Aber natürlich trägt die beginnende Demokratisierung der Medien über das Internet auch zu Aufklärungseffekten bei, wobei sie auch ein Problem der Einordenbarkeit von Information erzeugt. Es wird schwierig, deren Status zu beurteilen.

J. Hemkentokrax: Welche Rolle spielt das »Live-Erlebnis«, das »Dabeisein« für den Alarmismus, den Sie in die *alarmbereiten* beschreiben?

K. Röggla: Dabeisein ist eine wichtige Münze in der Ökonomie der Aufmerksamkeit geworden. Wer im Zentrum ist, dabei ist, lebt quasi erst richtig. Damit spielt die Alarmismusstrategie von Medien und Politik. In Wirklichkeit wird man als Publikum, Leserschaft, Zuhörer stets ins Außen verwiesen. Die eigene politische Handlungsfähigkeit sinkt.

J. Hemkentokrax: Ihre Sprache ist ja sehr radikal in ihrer Künstlichkeit und Widerständigkeit. Gibt es eine Sprache oder eine Art Sound, die bezeichnend sind für die Zeit, in der wir heute leben?

K. Röggla: Die Sprache der Broker, der Sound des Mausklickens in einem Internetcafé oder in Großraumbüros, das Rufen der Händler im Börsensaal oder auf dem Markt von Lagos, das technische Rauschen im Seitentrakt eines Großflughafens, das broken Englisch der prekären Internationals, et cetara, et cetera …

J. Hemkentokrax: Wenn Sie die Möglichkeit hätten für einen Tag in eine andere Zeit zu wechseln oder Zeuge eines beliebigen Ereignisses in der Geschichte oder in Zukunft zu werden, welches wäre das?

K. Röggla: Hm, wäre es der Tag, an dem kein Mensch mehr wegen Hungers sterben muss? Ja, es sei denn, es wäre der Tag, an dem man aus anderen Gründen stirbt; ich gerate leider selbst auch immer wieder in meiner Vorstellung in Katastrophenszenarien hinein.

J. Hemkentokrax: Gibt es Zeit, die Sie nicht nutzen, die sie einfach verstreichen lassen?

K. Röggla: Immer wieder. Leider im Moment nur Momente. Ohne Stillstand und Faulheit gibt es keine Literatur. Aber im Moment ist die Faulheit auf wenige Minuten beschränkt..
J. Hemkentokrax: Vielen Dank für das Interview.

HENNING AHRENS IM GESPRÄCH

Die Uhren ticken auf dem Land nicht anders

Henning Ahrens wurde 1964 in Peine, Niedersachsen, geboren und lebt heute als Schriftsteller und Übersetzer in Handorf bei Peine. Er studierte Anglistik und Geschichte und promovierte über John Cowper Powys. Zu seinen Veröffentlichungen gehören Gedichtbände und Romane. 2009 erschien das »Provinzlexikon«, in dem Henning Ahrens von A bis Z über die Provinz »in uns und um uns herum« schreibt. Er wurde mit dem Wolfgang-Weyrauch-Förderpreis, dem Nicolas-Born-Preis und dem Friedrich-Hebbel-Preis ausgezeichnet.

MARIO OSTERLAND: Lieber Herr Ahrens, leben wir in einer Zeit des Zeitmangels, in der Zeit schon zu einem Luxusgut, einem Wohlstandsgut geworden ist?
HENNING AHRENS: Das hängt wohl vom Beruf, vor allem aber davon ab, wie der Einzelne mit seiner Zeit umgeht: Lebt man nur für den Job? Hat man weitergehende Interessen? Sind Job und Interesse identisch? Das Zeitgefühl ist ja schon vor zwei Jahrhunderten durch die Industrialisierung umgewälzt worden und seither hat sich daran wenig geändert. Kann sein, dass die Alltagstakte kürzer werden, aber ich denke, dass man vieles selbst in der Hand hat; dazu muss man allerdings über Konventionen, Trends und Gewohnheiten oder Zwanghaftigkeiten hinausdenken.
M. OSTERLAND: Glauben Sie, Sie bekommen das gut hin? Oder haben Sie öfter »keine Zeit«?
H. AHRENS: Natürlich fehlt oft die Zeit für dieses oder jenes; und seine Zwanghaftigkeiten etc. hat man auch nicht immer im Griff. Aber im All-

gemeinen finde ich die Zeit für das, was ich tun möchte – wobei ich hinzufügen muss, dass ich sehr in meiner Arbeit aufgehe. Ich brauche seltsamerweise nicht viel mehr.

M. Osterland: Schreiben Sie täglich und /oder haben Sie einen Zeitplan dem Sie beim Schreiben folgen?

H. Ahrens: Wenn ich mich in einem Text befinde, schreibe ich täglich. Dazwischen gibt es aber immer wieder Phasen der Reflexion bzw. Überarbeitung. Ich folge nur einem groben Arbeitsplan, keinem Zeitplan; das ist beim Schreiben auch kaum möglich, weil Texte nicht nur eine Eigendynamik, sondern auch ein Eigenleben haben. So ist mein neuer Roman auf unerwartet viele Seiten angewachsen, weil die Story dies verlangt hat. Wahrscheinlich arbeiten andere Autoren anders; vermutlich gibt es Autoren, die viel mehr im Detail planen; ich selbst finde das langweilig; ich lasse mich beim Schreiben gern überraschen. Das Verfassen eines literarischen Textes bedeutet ja immer, dass man führt und sich gleichzeitig führen lässt. Außerdem habe ich außer Schreiben noch mehr zu tun: Ich muss gelegentlich meine Kinder erziehen, Rasen mähen, Reifen wechseln, das Katzenklo säubern etc. pp. Und im Gegensatz zu Übersetzungen gibt es bei eigenen Romanen Gott sei Dank keinen festen Abgabetermin.

M. Osterland: Gibt es eine Tageszeit, zu der Sie bevorzugt schreiben?

H. Ahrens: Ich verdiene mein Geld immer noch zu einem großen Teil mit dem Übersetzen; das ist die Pflicht. Das Schreiben ist die Kür, und es richtet sich nach dem Übersetzungspensum. Deshalb schreibe ich mal vormittags, mal nachmittags und/oder abends. Kommt darauf an.

M. Osterland: Glauben Sie, dass das Schreiben auf dem Land entspannter ist als in der Hektik der Großstadt? Ticken die Uhren für den Schriftsteller auf dem Land anders?

H. Ahrens: Die Uhren ticken sicher nicht anders, aber man ist als Autor ziemlich allein. Und da die Leute in kleineren sozialen Einheiten wie Dörfern oder Kleinstädten meiner Erfahrung nach ein Problem damit haben, wenn jemand »aus ihrer Mitte« in der Öffentlichkeit sichtbar wird, muss man immer wieder Missgunst, manchmal sogar Feindseligkeit ertragen. Man ist ja ein Exot, ein Außenseiter, und die sind auf dem Land nach wie vor nicht gern gesehen; ich bin hier jahrelang gemobbt worden. Das zeigt wohl, dass das Leben auf dem Land alles andere als eine Idylle ist. Und da man als Autor kaum Kollegen findet, muss man sich andere Freunde suchen – ich kenne hier Beamte, Angestellte, Tabakhändler, Krankenschwestern, Handwerker usw., alle sehr klug und fast alle sehr belesen. Das ist durchaus bereichernd, denn in der »Szene« schmort man nur in verwandten Säften.

M. OSTERLAND: Warum fehlt im *Provinzlexikon* das Lemma Zeit?

H. AHRENS: Weil die Zeit in der Provinz nicht langsamer oder schneller vergeht als in der Stadt; weil der Kalender auf dem Land genauso gilt. Das »gemächliche« Land ist ja weitgehend verschwunden bzw. ein Klischee.

M. OSTERLAND: In einigen ihrer Gedichte entwerfen Sie jedoch solche Bilder. Wenn z.B. in *Dorf, Stille* die Stille des Dorfes es ermöglicht, in Ruhe den Code der Amseln zu entschlüsseln, oder wenn in *Dorfsommer* das Erstaunlichste, was man beobachten kann, eine Überschreitung des Badeverbots am Baggersee ist.

H. AHRENS: Die »Stille« des Dorfes wird ja auch in diesem Gedicht durch Gebrüll und Motorenlärm gebrochen. Selbstverständlich gibt es immer wieder Augenblicke der Ruhe, und es gibt auch stille Winkel. Was ich an dieser sehr zersiedelten Gegend mag, die früher von der Schwerindustrie geprägt war, sind aber gerade die Widersprüche – wenn man so etwas wie Idylle findet, stößt man auch gleich auf das Gegenteil: Kraftwerk, Stahlwerk usw. Es gibt viele Reibungspunkte, obwohl es sich um das Land handelt.

M. OSTERLAND: Einige Ihrer Bücher ziert der Satz »In Henning Ahrens haben wir einen bedeutenden Gegenwartsautor«. Fühlen Sie sich als Gegenwartsautor, d.h. als Schriftsteller, der stark vom aktuellen Zeitgeschehen geprägt wird? Oder sehnen Sie sich manchmal gar nach einer anderen Zeit?

H. AHRENS: Tja, was die Verlage so auf die Bücher drucken … Ich bin sicher kein politischer Schriftsteller und halte das politische bzw. gesellschaftliche Engagement auch nicht für die Hauptaufgabe eines Autors, obwohl viele Kritiker, vor allem jene in reiferen Jahren, das offenbar anders sehen. Da ich alles interessiert verfolge, was um mich herum geschieht, fließt allerdings immer wieder etwas in meine Romane ein – wenn auch vermittelt, denn das allzu Direkte empfinde ich als ärgerlich plump. Nach einer anderen Zeit sehne ich mich nicht und ich möchte auch nicht noch einmal zwanzig sein. Ich habe mich immer mit Epoche und Alter arrangiert.

M. OSTERLAND: Das heißt, es gibt für Sie nur eine Richtung? Nur ein Vorwärts?

H. AHRENS: Natürlich schaue ich auch zurück; ich bin z. B. durchaus an Familiengeschichte interessiert. Aber meinen Brummkreisel möchte ich trotzdem nicht wieder haben.

M. OSTERLAND: Gibt es eine (literarische) Epoche, die Ihnen bzw. Ihrem Schreiben besonders nah ist?

H. AHRENS: Keine Epoche, sondern nur einzelne Autoren; mich interessiert das Individuelle und Abseitige, und der sogenannte »Kanon der Literatur« ist mir ziemlich egal.

M. OSTERLAND: In Ihrem Roman *Tiertage* benutzen Sie phantastische Elemente wie sprechende Tiere, um verschiedene Lebenswelten miteinander zu verbinden. Verbinden Sie damit auch verschiedene Zeiten? Ist z.B. die Anlehnung an klassische Tierfabeln auch als Hommage an eine Zeit zu verstehen, in der der Aberglaube noch eine größere Rolle gespielt hat?

H. AHRENS: Hase und Reiher in *Tiertage* sind erstens ein Verfremdungselement, zweitens eine Art Chor, der das Geschehen in der Menschenwelt kommentiert, und drittens eine Parodie auf dieses Geschehen. Obwohl sie einen Rückgriff auf die Fabel darstellen, sind sie keine Hommage an irgendetwas. (Im übrigen hat es großen Spaß gemacht, die Tier-Passagen zu schreiben ...)

M. OSTERLAND: *Langsamer Walzer* ist ein futuristisch anmutender Roman, der zeitlich jedoch nicht eindeutig verortet ist. Wie wichtig ist Ihnen die Ausgestaltung von Erzählzeit und erzählter Zeit?

H. Ahrens: Sehr akademische Frage ... Wenn ich einen Text beginne, nehme ich Setzungen vor, und diese Setzungen erzeugen jeweils eigene Gesetzmäßigkeiten, die auch das Erzähltempo bestimmen; manchmal muss man raffen, manchmal dehnen, je nachdem, was der Roman verlangt. Für mich gilt da nur eine Regel: Der Text muss in sich stimmig sein.

M. Osterland: Also ist Ihnen eine konkrete zeitliche Verortung der Handlung weniger wichtig?

H. Ahrens: Hängt von Stoff und Handlung ab. Wenn es um allgemeine menschliche Probleme geht, ist eine genaue Verortung nicht so wichtig. Wenn es um soziale oder gesellschaftliche Entwicklungen geht, kann eine Verortung hilfreich sein. Nur hat man dann vielleicht das Problem, dass sich narzisstisch gestörte Idioten unbedingt im Text wiedererkennen woslen und Ärger machen ...

M. Osterland: Wäre es für Sie eventuell reizvoll, einen Roman zu schreiben, der ein historisches Ereignis thematisiert?

H. Ahrens: Geschichte interessiert mich sehr, ich habe sie studiert und lese recht viel in diesem Bereich. Aber nicht jedes Interessenfeld reizt mich als Erzählstoff; das sind zwei Paar Schuhe. Einen historischen Roman werde ich mit ziemlicher Sicherheit nie schreiben.

M. Osterland: Vielen Dank!

MARTINA HEFTER IM GESPRÄCH

... dass ich gern Prozesse betrachte

Martina Hefter wurde 1965 in Pfronten (Allgäu) geboren und lebt als Performerin und Lyrikerin in Leipzig. Sie beschäftigt sich neben der literarischen Arbeit mit tänzerischen und choreographischen Projekten an der Schnittstelle von Text und Bewegung. Wiederholt war sie Gastdozentin am Deutschen Literaturinstitut Leipzig. 2008 erhielt sie den Lyrikpreis Meran. Im letzten Jahr erschien ihr viel beachtetes Lyrikdebüt »Nach den Diskotheken« (kookbooks 2010). Ihr Mann, der Schriftsteller und Herausgeber Jan Kuhlbrodt, der gemeinsam mit ihr in Leipzig lebt, führte das Interview per Mail.

JAN KUHLBRODT: Liebe Martina, schön, mal auf diesem Wege mit dir zu kommunizieren. Du kommst gerade aus Bremen (Montag) und fährst am Mittwoch nach Dresden. Hast du das Gefühl, die Zeit wird durch die Reisen gestreckt, oder erfährst du das eher als Zeitverlust?
MARTINA HEFTER: Seitdem ich mich wieder intensiver mit Tanz beschäftige, habe ich eher das Gefühl, im Zug zu sitzen sei Verschwendung. Das Stillsitzen dehnt die Zeit, meinem Empfinden nach – da kommt es mir vor, als würde dieses ausgedehnte Sitzen mir einiges wegnehmen vom Tag, von meinen gesamten Vorhaben überhaupt. Aber es gibt einen einfachen Trick dagegen: Ich schließe unterwegs öfter mal die Augen und visualisiere eine Bewegungsfolge oder einige Tanzübungen – das ist annähernd so, als würde man richtige Bewegungen ausführen, sogar die Muskeln werden trainiert. Das ist wissenschaftlich nachgewiesen, aber ich würde es auch tun, wenn es keinen solchen Effekt gäbe. Wie beim echten Tanzen habe ich nämlich dann das Gefühl, Zeit aktiv beschleuni-

gen zu können, sie zu komprimieren und bei Bedarf auch wieder zu dehnen – wohingegen, wenn ich lese oder meine Gedanken frei flottieren lasse im Zug, mir das eher als völliges Ausblenden jedes zeitlichen Empfindens erscheint, also eigentlich auch als etwas Angenehmes. Beide Zustände ergänzen sich ganz gut, glaube ich.

J. Kuhlbrodt: Deine Arbeiten sind vielfältig, es gab eine Zeit des Tanzens, eine des Schreibens. Jetzt scheint es zu einer Überlagerung von Tanz und Literatur zu kommen, von Sprache und Bewegung, bringt das deine Zeitwahrnehmung durcheinander?

M. Hefter: Bei dem letzten Projekt, an dem ich arbeitete, nämlich vier Gedichte während vier verschiedener Bewegungsfolgen zu sprechen, kam ich wirklich durcheinander. Eine der Bewegungsfolgen war sehr schnell, man musste über den Boden rollen und vieles mehr. In der Aktion fühlte es sich auch so an, als bewegte ich mich schnell. Aber als ich dann eine Aufnahme der Folge sah, waren die Bewegungen langsam, fast lahm. Das Sprechen, oder vielmehr das Memorieren des Textes, haben vielleicht nicht die Bewegungen an sich verzögert, aber meine Aufmerksamkeit gegenüber dem Einsatz der Bewegungen war verringert. Vielleicht bin ich nicht trainiert genug, gleichzeitig zu sprechen und mich zu bewegen – andererseits, eine Tänzerin, mit der ich für eine Erweiterung des Projekts zusammen arbeitete, konnte die Texte erst gar nicht sprechen. Es war ihr schlicht nicht möglich, das »Timing« ihrer Bewegungen durch das Sprechen aufzubrechen – das Tanzen ist ihr ja viel mehr in den Körper eingeschrieben als mir, wohingegen die Gedichte das überhaupt nicht waren – die waren durch den langen Prozess des Bearbeitens etc. eher mir eingeschrieben. Das ist ein interessanter Aspekt, aber es zeigt auch, dass beides zugleich, also eigene Gedichte sprechen und sich gleichzeitig dabei zu bewegen, schwer zusammengebracht werden kann – es wird immer ein Projekt der Brüche bleiben, es wird wohl keine »Verbesserungen« geben, denn dann müsste ich mich in den Bereich der Artistik begeben.

J. Kuhlbrodt: Projekt der Brüche scheint mir ist eine gute Bezeichnung für die Arbeit überhaupt und auch für das Leben. Sollten wir die Brüche in den Produktionen nicht eher zulassen, als wie vielerorts gefordert, der Oberfläche halber auszugleichen?

M. Hefter: Ohne Brüche wäre Kunst gar nicht möglich, denke ich. Dann gäbe es nur Zirkus und Sport. Das ist ja auch keine neue Einsicht. Das Prinzip bzw. eine Poetik der Brüche hat doch in der gesamten Kunst die Moderne mitbestimmt. Aber ich meine, in den letzten Jahren eine Tendenz beobachten zu können, welche Perfektion, makellose Oberfläche und Geschlossenheit einfordert. Da fällt mir in der Malerei die »Neue Leipziger Schule« ein, die zum Teil solche Anforderungen erfüllt. Im Tanz mussten die konzeptuellen Ansätze, die in den 90iger Jahren entstanden, und die sich oft in irgendeiner Form mit Brüchigkeit und Imperfektion beschäftigten, schlimme Anfeindungen ertragen, sowohl von der Kritik als auch vom Publikum. Wenn ich Fördergelder für ein Performance-Projekt beantrage, muss ich ein schlüssiges, von Anfang bis Ende durchdachtes Konzept einreichen, sonst wird das Projekt erst gar nicht näher angesehen. Also ob man in Gedanken schon das ganze Stück fertig hätte. Es sollte aber doch nicht die Reaktion auf vermeintlich »veraltete« Ansätze sein, dass man meint, zu etwas zurückkehren zu müssen, von dem man glaubt, es sei vor dem Veralteten da gewesen. Das stimmt ja nicht. Hier kommt auch wieder die Zeit ins Spiel. Vielleicht denkt man viel zu sehr nach dem Modell eines Zahlenstrahls, wenn man von veralteten und neuen Konzepten in der Kunst spricht – also eigentlich eine Art »In-and-Out«-Auflistung, wie es sie in Jugendzeitschriften gibt.

J. Kuhlbrodt: Kunst ist Präzision, mithin »Timing« (wie man so schön sagt). Kann die Literatur von der Präzision des Tanzes profitieren und umgekehrt? Oder stellt die Kombination ein Drittes her, eine Art Bühnenzeit, Kunstzeit?

M. Hefter: Ich weiß nicht, ob »Präzision« so ein zentraler Begriff im und für den Tanz ist. Natürlich kommt er einem schnell in den Sinn, wenn man Tanzende betrachtet, auch wenn es um ihr Miteinander in der Bewegung geht. Aber der Begriff »Präzision« erscheint mir dafür immer ein wenig zu technisch, Präzision, da denke ich an Präzisionsinstrumente oder Schweizer Uhren. Wohingegen ich beim Tanz eher von größtmöglicher Aufmerksamkeit gegenüber dem eigenen Körper, dem Raum, den Mittanzenden und eventuell der Musik sprechen würde. Und auch von Konzentration. Man könnte dann fragen, ob sich diese beiden Faktoren auch auf das Schreiben, zum Beispiel auf meine Gedichte auswirken. Das kann ich kaum beantworten, man müsste es sozusagen empirisch untersuchen, aber das wäre ganz schön schwer.

J. Kuhlbrodt: Ich glaube mittlerweile nicht mehr, dass es einen Unterschied zwischen Zeitwahrnehmung und dem Vergehen gibt. Aber seit unsere Kinder auf der Welt sind, meine ich erst zu wissen, was Zeit ist, geht es dir auch so?

M. Hefter: Ja, unbedingt! Als wir noch keine Kinder hatten und ich mein Studium am Literaturinstitut begann, hatte ich neben den Seminaren und einigen kleineren Nebenjobs gar nichts zu tun. Da war die Zeit ein undefinierbares, wüstes Etwas, in dem man sich schnell verlieren konnte. Ich brachte überhaupt nichts zustande. Zeitliche Enge und Beschneidungen empfinde ich als etwas, das mir große Freiheit spendet. Jetzt könnte man meinen, ich passte mich mit so einer Haltung der sehr fragwürdigen gesellschaftlichen Anforderung nach größtmöglichem Fleiß und gutem Zeitmanagement an. Dabei bin ich ein fauler Mensch, ich bin auch dafür, dass alle weniger arbeiten, unbedingt! Es ist eher so, dass ich gern Prozesse betrachte, und mein Dasein in einer beengten Zeit, das ist so ein Prozess. Wie wenn Wasser durch allerlei Hindernisse fließen muss: Da liegt der Schwerpunkt nicht mehr auf dem Fließen an sich, sondern auf dem Prozess des Fließens. Wie fließt es am geschicktesten etc.?

J. Kuhlbrodt: Das klingt tröstlich angesichts der Endlichkeit des Lebens. Von Ockham, ein mittelalterlicher Philosoph, schrieb, dass Gott dem Menschen die Zeit nur schenkte, dass er an der Unendlichkeit nicht verzweifle. Ich halte es da eher mit Arnold Stadler, für den die Sterblichkeit ein Skandal ist. Wie stehst du dazu?

M. Hefter: Da stimme ich dir und Arnold Stadler zu! Auch Friederike Mayröcker sagte in einem Interview vor zwei oder drei Jahren, dass sie den Tod hasse, sie hätte noch so viel vor. Da war sie über achtzig. In diesem Alter wird ja immer von einem erwartet, dass man mit dem Tod seinen Frieden gemacht hat und sich klaglos der Endlichkeit fügt. So sieht das Ideal eines weisen, älteren Menschen aus. Diese gesellschaftliche Konvention scheint davon auszugehen, dass einem als Mensch ein gewisses Kontingent an Zeit zur Verfügung steht, innerhalb dessen man seine Ziele möglichst erreicht haben muss. Wem das gelungen ist, kann ohne Angst dem Sterben ins Auge sehen und bleibt ganz gelassen. Das ist eine Auffassung von Zeit, die ich überhaupt nicht teile. Lebenszeit ist nicht zum Erreichen eines oder mehrerer Ziele da, finde ich, sondern dazu, immer neue Dinge kennenzulernen. Und es ist fürchterlich, dass einem diese tolle Spielwiese eines Tages genommen wird.

J. Kuhlbrodt: Liebe Martina, danke, dass du dir die Zeit genommen hast.

Reportagen

RÄUME FÜR EIN KATZENLEBEN
Von Wewelsfleth über Schöppingen nach Berlin

Von Katharina Bendixen

Literaturorte sind nicht nur die Orte, an denen Literatur vorgelesen wird, sondern auch jene, an denen sie entsteht. Wohl nirgendwo geschieht das in geballterer Form als in Stipendiatenhäusern und Künstlerdörfern, von denen es im deutschsprachigen Raum mehrere Dutzend gibt. Autoren kommen dort für einige Monate unter und schreiben, frei von finanziellem Druck, an ihren Texten. Katharina Bendixen ist quer durch Deutschland gefahren und hat drei dieser Orte besucht. Sie ist mit den Stipendiaten spazieren gegangen, hat einen Hund kennengelernt und einiges über Kotzflecken, spukende Schriftsteller und das Leben von Katzen erfahren.

Glückstadt, Blomesche Wildnis, Büchsenkate. Der Weg nach Wewelsfleth führt vorbei an Orten mit fast poetischen Namen. Das Land ist flach und grün, Windräder flappen vor blauem Himmel, Schafe und Kühe weiden. Wer aufmerksam aus dem Fenster sieht, entdeckt einen Hasen oder ein Reh, das sofort wieder Schutz zwischen den Bäumen sucht. Hier soll sich ein Literaturort befinden? Die Straßen in Wewelsfleth sind noch leerer als der Bus, der nicht häufiger als zehnmal am Tag in dem schleswig-holsteinischen Dorf hält. Die Wewelsflether sagen augenzwinkernd über ihr Dorf, man müsse nur einmal umsteigen, um nach Amerika zu kommen – vom rund siebzig Kilometer entfernten Hamburg verkehrt die Fähre. Von der Nähe zum Land der unbegrenzten Möglichkeiten ist in Wewelsfleth jedoch nicht viel zu spüren. Weit und breit ist niemand zu sehen, der den Weg zum Alfred-Döblin-Haus weisen könnte. Zum Glück ist die alte Kirchspielvogtei schnell gefunden: Direkt an der Bushaltestelle gelegen, versteckt sie sich hinter zwei jungen Bäumen.

Lebendig wird es erst hinter der Tür des Stipendiatenhauses, in dem einst Günter Grass seine Bücher schrieb: Dort wartet Eva Ruth Wemme mit Kräutertee und jeder Menge Eindrücke. »In Wewelsfleth ist jeder Tag wie Sonntag«, sagt sie, »zum Schreiben ist das ideal.« Seit einem Monat arbeitet Eva Ruth Wemme hier an ihrem ersten Roman mit dem Titel *Die Lebenden*, von dem in ihrem Computer bereits viele Kapitel existieren. In der Autorenwerkstatt Prosa im Literarischen Colloquium Berlin feilte sie schon an dem Text – nun fehlt noch der rote Faden. »Der ist in meinem Kopf«, sagt sie, »und den versuche ich jetzt zu spinnen.« In ihrem Alltag in Berlin springt sie zwischen Übersetzungen aus dem Rumänischen und einem Dresdner Puppentheater hin und her. Genug Konzentration für Hunderte von Seiten bleibt da nicht.

Gemeinsam mit Björn Kern und Larissa Boehning bewohnt die Autorin in diesem Frühjahr das Haus, das von der Berliner Akademie der Künste betreut wird. Jedes Jahr sind hier rund zehn Stipendiaten zu Gast, immer drei zur selben Zeit. Seit 1986, dem Jahr, in dem Günter Grass sein ehemaliges Wohnhaus dem Land Berlin schenkte, haben über zweihundertfünfzig Autoren hier an Romanen, Erzählungen, Gedichten gearbeitet. »Eines der seltsamsten Häuser, die ich jemals bewohnt habe«, schrieb Felicitas Hoppe. Raul Zelik erinnert sich, dass ihm hauptsächlich Paarhufer begegneten – »allerdings mehr Schafe als Kühe«. Viel mehr Ablenkungen gibt es in Wewelsfleth auch nicht: Nicht einmal mit einem Café wartet das Tausendfünfhunder-Seelen-Dorf auf, von einem Kino oder einem Theater ganz zu schweigen.

»Ich führe hier ein Katzenleben«, erzählt Eva Ruth Wemme. »Ich wache irgendwann auf, koche mir einen Kaffee, schreibe. Gehe natürlich sehr viel spazieren. Esse, wenn ich Hunger bekomme, schreibe weiter. Niemand will etwas von mir. Nicht einmal abends muss ich gebürstet sein, weil irgendjemand mit mir ins Kino gehen möchte.« Sie arbeitet im »Butt«-Zimmer, einem Raum in zartem Grün mit Holzdielen und einem alten Kamin. Vor dem Fenster sind die Zweige des Walnussbaums zu sehen, den Günter Grass bei der Geburt seiner Tochter Helene pflanzte. An einem Fenster im zweiten Stock kleben die Reste eines Anti-AKW-

Buttons, wahrscheinlich noch von Günter Grass angebracht und mittlerweile vielleicht von historischem Wert. Setzen einen da die Werke des Nobelpreisträgers nicht unter Druck? »Vielleicht wäre das so, wenn man nur so tun würde, als wäre man Schriftsteller«, sagt sie. »Aber wenn man viel zu tun hat, spielt das keine Rolle.« Und wie verhält es sich mit der Wewelsflether Idylle, stiehlt die sich in den Roman? »Mein Roman ist schon ziemlich weit«, erzählt sie. »Die Figuren gibt es schon länger, als ich das Haus kenne.« Es seien vor allem die viele Zeit und die Ruhe, die den Roman in Wewelsfleth voranbringen. »Aber vielleicht«, sagt Eva Ruth Wemme, »schlängelt sich doch die eine oder andere Pflanze hinein.«

Ab und zu muss die Autorin das Katzenleben für eine Weile unterbrechen – immer dann, wenn Wewelsflether ins Alfred-Döblin-Haus stolpern. Manchmal kündigen sie sich mit einem Brief an: In den ersten Tagen des Stipendiums kam eine Nachricht von Heike Denzau, einer Wewelsflether Krimiautorin, die die Stipendiaten zum Jour Fixe im Weinhandel gegenüber einlud. Dort treffen sich regelmäßig einige kulturinteressierte Wewelsflether, sprechen über Literatur, Kunst, Politik. Auch der Bürgermeister hat die drei Stipendiaten schon begrüßt. Es gibt sogar einen Verlag im Dorf, und regelmäßig kommt ein bekannter Autor vorbei: Peter Wawerzinek war einst Stipendiat im Haus. Damals verliebte er sich und zog für eine Weile in das Dorf. Auch heute reist er von Berlin aus regelmäßig in den Norden. Wewelsfleth ist also doch mehr Literaturort, als es auf den ersten Blick den Anschein hat.

Beim abschließenden Spaziergang mit Eva Ruth Wemme gewinnt das Dorf noch mehr Facetten. Begeistert führt die Autorin die weiten Wiesen ihrer vorübergehenden Heimat vor, die alten Fischerhäuser, das riesige Flussbett der Elbe, das von weitem wie ein Meer wirkt. Werftkräne ragen in den Himmel und verleihen dem Ort fast etwas Großstädtisches. In der anderen Richtung sind aber wieder nur Schafe zu sehen. Dieser Anblick warnt davor, den Bus zurück in die Welt zu verpassen – jedoch zu spät. Das Taxi aus Glückstadt ist nach zehn Minuten vor Ort. Der Taxifahrer hält von der Idylle nicht viel, er sagt entschieden:

»In Wewelsfleth möchte ich nicht wohnen.« Eine Begründung gibt er nicht. Nur so viel: »In Glückstadt ist es besser, da scheint immer die Sonne.«

Schöppingen offenbart seine Nähe zu Kunst und Literatur schon schneller. Mit seinen achttausend Einwohnern ist die nordrhein-westfälische Gemeinde etwa fünfmal so groß wie Wewelsfleth. Auch hier verkehren die Busse nur im Stundentakt, von der Haltestelle aber weisen Schilder den Weg: »Künstlerdorf Schöppingen« steht dort in Weiß auf braunem Grund. Zwei ehemalige Gutshöfe beherbergen das heutige Künstlerdorf, das nicht etwa die Größe eines Dorfs, sondern eher die eines weitläufigen Bauernhofs besitzt. Sechs Ateliers und acht Wohnungen für Autoren sind auf dem Gelände verteilt, manche von der Größe einer Studentenbude, andere geeignet für eine Kleinfamilie. Selbst eine eigene Galerie gibt es hier, eine umfangreiche Bibliothek, einige Gemeinschaftsräume. Zwischen den Gebäuden wachsen Apfelbäume. Nicht weit entfernt sind Kirche, Supermärkte und eine Schlachtanlage für Schweine. Rund um Schöppingen erstreckt sich – flach und grün wie die Wiesen um Wewelsfleth – das Münsterland. Statt Backstein gibt es hier moderne Einfamilienhäuser, Gärten mit immer frisch gestutzten Hecken, einige Cafés und – gleich hinter dem Ortseingang – ein Asylbewerberheim.

Von Asylbewerbern und Schweinemast bekommen die Schöppinger Stipendiaten jedoch nicht viel mit, und dass Schöppinger Bürger sich ins Künstlerdorf verirren, kommt auch selten vor. Wenn vierzehn Künstler aufeinander treffen – ob nun Autoren, Komponisten, Maler oder Bildhauer –, tritt die Außenwelt in den Hintergrund. Da wird gemeinsam gekocht oder gegrillt, Tischtennis gespielt oder Tatort geschaut, es werden sich gegenseitig Texte vorgelesen oder künstlerische Arbeiten präsentiert – alles unter der wohlwollenden Aufsicht von Josef Spiegel, dem Leiter der Einrichtung. Er hat früher über Zensur in der Rockmusik geforscht und wohnt nun selbst in einem der alten Bauernhäuser. Da ist es Ehrensache, dass er jede Stipendiatenrunde auf einen Wein zu sich einlädt und zensierte Plattencover aus seiner schier unerschöpflichen

Sammlung präsentiert. Das Leben in Schöppingen findet innerhalb des Künstlerdorfs statt: Lebensmittelpunkt ist im Sommer der Garten, im Winter das Kaminzimmer. Höchstens gelegentliche Ausflüge ins Steinfurter Kino sind mal drin oder gemeinsame Schwimmstunden im Schöppinger Vechtebad.

Selbst davon hält Wolfram Lotz sich fern. Er ist mit seinem Hund nach Schöppingen gereist und lässt seinen Alltag von dem Tier bestimmen: ein Spaziergang am Morgen, natürlich nicht allzu früh, Spaziergänge am Mittag und Nachmittag, essen, wenn der Hunger kommt.»Ich verlebe hier eine extrem ereignislose Zeit«, sagt Wolfram Lotz, der am Deutschen Literaturinstitut in Leipzig studiert und normalerweise dort sowie im Schwarzwald lebt.»Es gibt nichts, was mich ablenken könnte.« Wolfram Lotz schreibt in erster Linie Theaterstücke, die bei den Ruhrfestspielen und am Deutschen Nationaltheater in Weimar aufgeführt wurden. Auch in Schöppingen arbeitet er an einem Stück: Er überarbeitet die ersten Szenen. Von seinem kleinen Zimmer aus hat er einen schönen Blick in den Garten des Künstlerdorfs, der langsam ergrünt. Zwei Monate lang kann er hier nur schreiben. Dennoch geht es mit dem Stück eher schleppend voran. »Aber das ist normal, für den Anfang brauche ich immer recht viel Zeit. In den ersten Szenen spüre ich, ob ich an der ganzen Konstruktion noch etwas nachjustieren muss. Das ist oft ein Zurückgehen, ein Ändern. Ich denke hier eher nach, als dass ich schreibe.«

Über vierhundert Stipendiaten haben auf dem weitläufigen Gelände schon nachgedacht, darunter Autoren wie Christoph Wilhelm Aigner, María Cecilia Barbetta oder Kathrin Schmidt und bildende Künstler wie Ruppe Koselleck, Daniele Buetti oder Mirjam Völker. Seit 1989 werden in Schöppingen Kunst, Literatur und Musik gefördert, um Grenzen schert man sich dabei nicht: Es gibt auch Stipendienplätze für interdisziplinäre Projekte oder für solche, die sich zwischen Kunst, Wissenschaft und Wirtschaft bewegen. Sind die vielen Romane, Gedichte, Theaterstücke, die Bilder, Skulpturen und Musikstücke, die in Schöppingen entstanden sind, dem jungen Dramatiker Wolfram Lotz bei seiner Arbeit bewusst? Eigentlich nicht. Aber: »Am ersten Tag habe ich neben meinem Bett einen Fleck entdeckt, der sich in den Teppich gefressen hat – eindeutig ein Kotzfleck. Da habe ich schon daran gedacht, dass hier Generationen von Autoren nachts besoffen ins Bett gefallen sind. Und ich bin kurz die Möglichkeiten durchgegangen, von wem dieser Fleck stammen könnte.«

Einen Einfluss der Umgebung auf seine Arbeit sieht Wolfram Lotz nicht: Dafür sei sein Aufenthalt zu kurz. »Ich kann mir aber vorstellen, dass es auf die Form ankommt«, sagt er. »Bei Lyrik zum Beispiel spielt der Raum, in dem man sich befindet, eine größere Rolle.« Genau wie für Eva Ruth Wemme in Wewelsfleth sind auch für Wolfram Lotz die Ruhe und die viele freie Zeit am wichtigsten. Ein Schöppinger Roman oder ein münsterländisches Theaterstück scheint jedenfalls nicht in Sicht zu sein. Vielleicht hat sich Josef Spiegel deshalb einen Trick ausgedacht, durch den das Künstlerdorf doch noch in die Weltliteratur eingehen könnte. Im Gespräch mit den Stipendiaten erwähnt er gelegentlich seinen Wunsch, selbst in Romanen aufzutauchen, so wie Hitchcock einst in seinen Filmen – ganz am Rande, beinahe unbemerkt. Nur wenige Stipendiaten können ihm das abschlagen, und so kommt es, dass in Peggy Mädlers Roman *Die Legende vom Glück des Menschen* ein alter Josef »aus Worten Spiegelbilder baut« oder in Christoph Wilhelm Aigners Novelle *Eigenleben oder wie schreibt man eine Novelle* eine akademische Wolke namens Josef Spiegel sommers wie winters durch die Schöppinger Hügel läuft. Vielleicht geben diese Anspielungen den Literaturwissenschaftlern der Zukunft einige Rätsel auf. Auch so kann ein Ort zum Literaturort werden.

Während ins Alfred-Döblin-Haus von Zeit zu Zeit die Außenwelt einbricht und im Künstlerdorf Schöppingen die Innenwelt eine größere Bedeutung bekommt, gehen für die Stipendiaten des dritten Orts Innen- und Außenwelt eine inspirierende Symbiose ein. So inspirierend, dass Anna-Elisabeth Mayer, gegenwärtig Stipendiatin im Literarischen Colloquium Berlin, sich nicht wundern würde, wenn es im Haus

spukt. »Ein paar Gläser sollte man immer in seinem Zimmer haben«, sagt sie. »Denn wenn mal ein Geist vorbeischaut, muss man ihm etwas anbieten können.« An ihrer Tür bräuchte der Geist von Kleist, der seinem Leben am Kleinen Wannsee ein Ende setzte, nicht einmal anzuklopfen: Er wäre sehr gern gesehen. Auch gegen die Geister von Unica Zürn, Julio Cortázar oder Robert Walser hätte die Wiener Autorin nichts einzuwenden. »Ich bin geistfreudig«, sagt sie. Tatsächlich ist es gar keine so absurde Vorstellung, dass in der Villa am Berliner Stadtrand Geister ihr Unwesen treiben. Der Backsteinbau mit seinen verspielten Türmen wirkt fast verwunschen. Von der Terrasse, auf der Anna-Elisabeth Mayer den Spuk heraufbeschwört, fällt das Gelände fünfundzwanzig Meter tief zum Ufer des Großen Wannsee ab. Der Blick ist malerisch, Berliner Lärm und Menschenmassen scheinen meilenweit entfernt. »Wenn man dann nach Berlin fährt«, erzählt sie, »ist das sehr eigenartig. Alles prasselt auf einen ein, das überfordert die Wahrnehmung und schärft sie zugleich.«

Anna-Elisabeth Mayers bevorzugte Besucher waren im Literarischen Colloquium vielleicht noch nicht zu Gast – alle anderen aber schon. Seit Mitte der achtziger Jahre reisen Autoren aus dem deutschsprachigen Raum an, um in einem der elf Gästezimmer für drei Monate ungestört zu arbeiten – fünf bis sechs sind es pro Jahr. Es kommen Übersetzer aus der ganzen Welt, außerdem regelmäßig Autoren aus Korea und Taiwan. Anders als das Alfred-Döblin-Haus in Wewelsfleth und das Künstlerdorf Schöppingen ist das Literarische Colloquium jedoch weit mehr als ein Ort für Stipendiaten, und das Haus gibt es schon länger als seine Stipendienprogramme. Mitte der sechziger Jahre gegründet, hat es sich zu dem Literaturort im deutschsprachigen Raum schlechthin entwickelt. Hier wird unter anderem der Alfred-Döblin-Preis verliehen. In der alljährlich stattfindenden Autorenwerkstatt Prosa, an der im vergangenen Jahr auch Eva Ruth Wemme teilnahm, arbeiten Nachwuchsautoren unter professioneller Anleitung an ihren Texten. Viermal im Jahr erscheint die Zeitschrift *Sprache im technischen Zeitalter*. Das Literarische Colloquium rief den Deutschen Übersetzerfonds und die Literaturseite literaturport.de ins Leben. Gemeinsam mit der Robert-Bosch-Stiftung fördert es Recherchen von Autoren in Osteuropa. Und fast jeden Abend sind Autoren zu Gast, sie kommen aus Berlin, Finnland oder den USA.

An diesen Lesungen können die Stipendiaten teilnehmen, und natürlich sitzen sie während ihres Stipendiums auch selbst einmal auf der Bühne. Sie können sich in das Berliner Kulturleben stürzen. Mit Berliner Freunden um die Häuser ziehen und dann morgens in einer leeren S-Bahn zurück zum Wannsee fahren – eine halbe Stunde dauert das von Berlin-Mitte aus. Oder sie bleiben einfach im Haus und schreiben. So hält es Anna-Elisabeth Mayer bisher. »Ich habe mir viel vorgenommen«, erzählt sie und schaut über den See, »unter anderem auch, richtig touristisch mit dem Boot über den Wannsee zu fahren. Aber nach einem Monat habe ich es noch nicht einmal an Kleists Grab geschafft.« Im vergangenen Jahr ist ihr erster Roman *Fliegengewicht* erschienen, im Literarischen Colloquium schreibt sie an ihrem zweiten Buch, einer Familiengeschichte mit dem Arbeitstitel *Wir sind nicht alleine*. Ein Jahr lag das Manuskript auf der Seite, nun überarbeitet sie es grundlegend. Für diesen »nicht sehr fröhlichen Roman«, wie sie sagt, ist die Atmosphäre am Wannsee schon fast etwas zu viel des Guten: »Die Vögel singen, die Holzbalken knarren, alles ist grün, von den drei Rundbogenfenstern in meinem Zimmer kann ich direkt in den Himmel schauen. Und wenn ich abends am See die Sonne untergehen sehe, müsste ich eigentlich Malerin sein.«

Die Gründerzeitvilla und ihre Umgebung fließen nicht in Anna-Elisabeth Mayers neuen Roman ein, dafür ist das Manuskript schon zu weit gediehen. Genau wie Eva Ruth Wemme in Wewelsfleth und Wolfram Lotz in Schöppingen schätzt auch Anna-Elisabeth Mayer vor allem Zeit und Ruhe – und lässt sich von der Aura eines Hauses, dessen Schwelle schon fast jeder Schriftsteller von Rang überschritten hat, nicht weiter stören. »Theoretisch blockiert mich auch jedes Buch, das ich aufschlage«, sagt sie. »So darf man nicht denken. Ich habe Ehrfurcht, aber ich messe mich mit niemandem.« Wie Wemme und Lotz geht auch Anna-Elisabeth Mayer am Rand von Berlin unbeeindruckt ihrem Alltag nach, der sich nicht wesentlich von den Tagen in Wien unterscheidet: spät aufstehen, schreiben, lesen, essen, schreiben: »Ich bin eine Nachtarbeiterin.« Wie sehr ein Ort Literaturort ist, scheint für das Schreiben unwesentlich zu sein. Ausschlaggebend sind alleine Ruhe und das Vorhandensein eines Schreibtischs. Und natürlich die eigene Verfassung und die richtigen Ideen. Schreibblockaden sollte man an diesen Orten jedenfalls nicht haben – dann können sich die schönsten Häuser in Vorhöfe der Hölle verwandeln.

Für Anna-Elisabeth Mayer ist der einzige Wermutstropfen, dass sie ihren Hund nicht mitnehmen durfte: Seit den umfangreichen Renovierungsarbeiten der letzten Monate sind im Literarischen Colloquium Berlin Haustiere nicht mehr erlaubt. Ansonsten aber empfindet die Autorin ihren Aufenthalt wie einen einzigen Trip: »Wenn ich oben in meinem Bett liege, fühle ich mich wie auf einem fliegenden Teppich.« Und auf den kehrt Anna-Elisabeth Mayer, nachdem sie auf der Terrasse eine Stunde lang von Berlin, ihrem aktuellen Roman und den Geistern gesprochen hat, wieder zurück. Zwei Monate wird sie darauf noch durch die Welt der Literatur fliegen – genug Zeit, dass die Geister es sich überlegen und ihr einen Besuch abstatten können.

DEN REICHTUM DER DICHTUNG ANREICHERN
Das Lyrik Kabinett

Von Walter Fabian Schmid

Es ist an der Zeit, der Lyrik ihren Platz in der Gesellschaft zurückzugeben. Es braucht Veranstalter, die Poesie in die Gesellschaft hineintragen und Veranstaltungen, in denen sie erlebt werden können. Auch wenn in den letzten Jahren Festivals wie Pilze aus dem Boden schossen, so sind sie alle nicht lang von Dauer und die Lyrik samt Liebhaber werden von Ort zu Ort gehetzt. Dieser Fluktuation entgegen hat die Dichtung im Lyrik Kabinett München das ganze Jahr über einen festen Wohnsitz. Für den poet hat sich WF Schmid in der zweitgrößten Lyrikbibliothek Europas umgesehen und Eindrücke gesammelt, und hat sich mit der Leiterin Maria Gazzetti und der Gründerin Ursula Haeusgen über das Haus und seine Unternehmungen unterhalten.

P oesie. Steht eingelassen in die Bodenschwelle eines Hinterhofzugangs der Münchner Amalienstraße. Wie vor einem Stolperstein bleib ich eingedenkend stehen und grübel über das Aussterben einer literarischen Gattung. Hirnrissig, denk ich, aber eine nachdrückliche Vergegenwärtigung kann der Poesie sicher nicht schaden. Neugierig, wie das ausschauen soll, gehe ich weiter in den Durchgang hinein. Ich gehe an Texttafeln vorbei, die an beiden Wandseiten aufgehängt sind. »Vor der Tür das Ende der Welt«, lese ich auf einer, aber noch geht mir kein Licht auf, mitten in der dunklen Röhre. Die Texte machen doch alle keinen Sinn, denk ich, und später erst wird mir klar, dass die Texte aus diversen Versen bekannter Dichter montiert sind. In der Hoffnung auf erste erhellende Erkenntnisse am Ende des Tunnels steuere ich auf das lichtdurchflutete Glashaus im Hinterhof zu. Etwas mulmig ist mir schon, als ich den Türgriff in die Hand nehme, und ich muss zweimal überlegen, ob ich wirklich durch die Tür gehe, schließlich stehe ich hier am Ende der Welt, und ich weiß nicht, was danach kommt.

Nach dem seichten Schließen der Tür im Rücken steh ich mitten in einem Kunstreich. Wo die Welt endet, beginnt also die Kunst, denk ich, und bin erst einmal ziemlich überfordert. So viele Stile wie hier aufeinanderprallen und so viele Seltenheiten wie hier zu entdecken sind, glaub ich fast, in einem Kunstkuriositätenkabinett zu sein. Wirklich viel kann ich nicht beim Namen nennen, ich erkenn ein paar Typographien von Josua Reichert, Zeichnungen von H. C. Artmann und Malereien des Kollektivs Herzogstraße. Aber alles erscheint mir wirr durcheinander gemischt, und das macht mich konfus. »Ich find unterschiedliche Dinge einfach spannend«, wird mir später Ursula Haeusgen, die Gründerin dieses Hauses, das sich *Münchner Lyrik Kabinett* nennt, erzählen. Es ist wichtig, Anregungen zu schaffen, und dabei ist eine Vielfalt von Stilrichtungen unentbehrlich, werde ich bald von der sympathischen Bayerin zu meiner Beruhigung erfahren.

Von großen Rollwänden einer Bibliothek angezogen gehe ich erst einmal tiefer in den Raum hinein und schaue mich um. Es gibt eine kleine Bühne und einen gerade nichtbestuhlten Zuschauerraum. Über die gesamte Längsseite erstrecken sich unheimlich vergitterte Regale, hinter denen Anthologien weggesperrt sind. Oha, denk ich, dort lauern also die bissigen Bände auf hungrige Leser. Ich denk an Kafkas Axt, Weyrauchs »Mein Gedicht ist mein Messer« und an die Pfeile Pindars. Klar, denk ich, Literatur gehört hinter Gittern, vor allem die Lyrik in ihrer schlagfertigen Komprimierung von Sprache. Aber da wandern meine Gedanken mal wieder schön auf dem Holzweg, denn der Grund ist, »dass es einfach hübscher ausschaut mit Gittern, und zudem ist es ganz praktisch, weil man bei Ausstellungen noch Illustrationen dranhängen kann«, klärt mich Frau Haeusgen auf, die gerade besucherfreudig auf mich zukam und mich nicht mehr ganz so hilflos dastehen lässt.

Trotzdem wird mir nicht ganz klar, was dieser Boxsack hier eigentlich soll. Wieso hängt der neben einer Bühne, auf der Lesungen stattfinden? Und dann stehen da auch noch ziemlich versaute Verse drauf.

Als Kind
auf dem Richtplatz
unter die Schaukel
gekommen.

Aber
unter dir zu onanieren,
meine aufgedunsene Schöne,
aus diesem Überhang
wird die Sanftmut wachsen,
papieren, groß und weit.

»Vom Beuys is der, der Sack«, sagt Frau Haeusgen stolz. Nur glauben will ich das nicht recht. In Wirklichkeit hat sie ihn für sich selbst angeschafft und direkt im Lyrik Kabinett benutzt, wo ihr Leben nun einmal zum größten Teil stattfindet. Und seitdem hängt er halt da, auch wenn er nicht mehr benutzt wird, weil sich Frau Haeusgen vom Boxen einen Tennisarm holte. Zum eigentlichen Kunstwerk machte ihn erst der hier arbeitende Bibliothekar und Lyriker Wolfgang Berends, der sein Gedicht draufschrieb.

Nun ist auch Dr. Maria Gazzetti, die Leiterin des Lyrik Kabinetts, zu uns gestoßen und lädt uns ein, nach oben in die Büroräume zu gehen, wo ich mehr erfahren soll über diesen Ort. Unter einem japanischen Schirmchen, gestaltet von Valerie Scherstjanoi, das umgekehrt aufgehängt von der Decke des Büroraums hängt und wie ein Lampenschirm wirkt, erzählen mir Frau Haeusgen und Frau Gazzetti mehr. »Das ist eine einmalige, besondere Kulturinstitution in Deutschland«, sagt die Italienerin enthusiastisch und reißt ihre tiefbraunen Augen voller Begeisterung weit auf. Und weil Lyrik einen langen Atem braucht, holt sie noch einmal tief Luft, bevor sie hinzu setzt: »Die ganze Geschichte des Lyrik Kabinetts ist, dass es gewachsen und gewachsen ist.« Deswegen ist die größte Sorge, dass auch dieses Haus, das erst 2005 bezogen wurde, bald wieder zu klein werden könnte. Wegen der stetigen Vergrößerung der Bibliothek ist man in den letzten 20 Jahren eigentlich andauernd umgezogen.

Begonnen hat alles ganz unscheinbar mit einer Lyrikbuchhandlung, die Frau Haeusgen 1989 in der Herzog-Rudolf-Straße eröffnet hat. »Wir haben uns das Verzeichnis lieferbarer Bücher geholt und haben einfach bei A angefangen. So hat sich das dann ergeben«, sagt sie, und auf meinen ungläubigen Blick hin setzt sie hinzu: »Tut mir leid, es war wirklich so.« Nie bestand der feste Plan zur Errichtung einer Bibliothek. Aber mittlerweile beherbergt man über 40.000 Bände. Man beschäftigt sechs Mitarbeiter und organisiert über fünfzig Veranstaltungen im Jahr. Immer noch aus Leidenschaft, »weil i hoid immer scho gern Lyrik glesn hob«, wie Frau Haeusgen ihren Antrieb begründet.

Damit die Gründerin auch weiterhin mit Lesestoff versorgt ist, macht man sogar eigene Bücher. Meist sind das Übersetzungen unentdeckter Dichter, oder es sind Entdeckungen und Neuauflagen toter Dichter, die man nicht verstummen lassen will. Über letztere entwickeln sich die Bücher auch aus Vorträgen. »Die Bücher sind, wenn Sie so wollen, Liebhaberei, des is a Zuckerl«, behauptet Frau Haeusgen, und trotzdem sind die hauseigenen Veröffentlichungen in einigen Fällen schon vergriffen.

Im Vergleich zur Arbeit an einem Literaturhaus liegt der größte Unterschied in der Konzentration auf eine literarische Gattung, meint Dr. Maria Gazzetti. Seit Dezember 2010 leitet sie das Lyrik Kabinett. Zuvor war sie fünfzehn Jahre lang Leiterin des Literaturhauses Frankfurt am Main. In München fühlt sie sich pudelwohl und ihre schönste Erfahrung am Kabinett trägt sie stets mit sich herum, nämlich dass sie das Gefühl habe, sich durch diese Arbeit weiterzubilden. Und das, obwohl die Organisation der Lesungen eigentlich dieselbe sei wie in jedem anderen Literaturhaus auch. Nur dass das Lyrik Kabinett nicht unter dem Zwang der Aktualität seiner Veranstaltungen steht. Literaturhäuser können fast nur Neuerscheinungen vorstellen oder aktuelle Themen ansprechen, um für das Publikum interessant zu sein. Das muss das Lyrik Kabinett nicht. »Müssen tun wir erst einmal gar nichts«, verteidigt Frau Haeusgen die Autonomie des Kabinetts rabiat.

Gegen publikumsheischende Veranstaltungen mit Feuilletonfegern und gegen eine repräsentative Beschränkung auf die erste Lyrikliga heißt der Leitsatz von Frau Haeusgen »die Möglichkeiten der Poesie aufzeigen«. In der Auswahl seiner Veranstaltungen vertritt man keine bestimmte Richtung. Nicht einmal die deutschsprachigen Dichter werden bevorzugt. Fremdsprachige oder bereits gestorbene Autoren stellt man genauso gern vor. Trotzdem sei die Auswahl der Autoren schwieriger geworden, und das liegt am qualitativ hochwertigen Reichtum derzeitiger Lyrik, sagt die Gründerin. »Man könnte und müsste noch viel mehr Veranstaltungen machen, aber dann ist es sinnlos; bei noch mehr Veranstaltungen kommt überhaupt keiner mehr.«

Dass man auch hier unter der üblichen Unmasse an Besuchern leidet, ist schade. Müssten doch die Studenten der LMU nur zweimal umfallen und schon wären sie im Lyrik Kabinett. Es liegt direkt am Rückausgang des Uni-Hauptgebäudes. Auch wenn die Anzahl der Studenten unter den Bibliotheksbesuchern zunimmt, machen sie bei Lesungen nur etwa zehn Prozent aus. »Lesungen haben einfach immer noch einen schlechten Ruf bei Studenten«, sagt Frau Haeusgen, »für die ist das doch langweilig, wenn jemand mit seinem Wasserglas da vorn sitzt. Die wollen aktiv selber zur Literatur beitragen.« Mit Veranstaltungen wie *Poetry in Motion*, einem Poetry-Slam-Konzept, kriegt man das Haus aber trotzdem voller junger Leute, und Frau Gazzetti freut sich, dass sie am Kabinett mehr junge Leute sieht, als sie in ihren fünfzehn Jahren zuvor in Frankfurt gesehen hat.

Poesie hat durch das Lyrik Kabinett in München einen festen Stand bekommen. Sein Publikum hat man sich auch ein Stück weit hergezogen. Es ist ein sehr kenntnisreiches Publikum, das sich rege über Dichtung austauscht, und das ist der Leitung auch wichtig. Dazu braucht es aber auch eine gerechte und eingängige Vermittlung der für viele Leser schwer zugänglichen Lyrik. »Manchmal hat man das Gefühl, dass die Leute einen gewissen Anstoß oder eine Hilfestellung brauchen, gerade bei den aktuellen Gedichten«, sagt Frau Haeusgen. Neben den *Münchner Reden zur Poesie* – eine fortlaufende Veranstaltungsreihe, bei der zweimal im Jahr ausgewählte Poeten poetologische Positionsbestimmungen vornehmen, die als bibliophile Heftchen sogar überdauern dürfen –, soll dafür auch das von Maria Gazzetti neu initiierte *Lyrische Quartett* sorgen. Es heißt ganz bewusst in Anlehnung ans *Literarische Quartett* so, weil dort ja nicht furchtbar viel über Lyrik gesprochen wurde. Darum kommen jetzt dreimal im Jahr drei bekannte Kritiker und jeweils ein Lyriker als Gast in München zusammen. Sie diskutieren aktuelle Neuerscheinungen der Dichtung und beziehen Stellungen, denen man wohlwollend zustimmen kann, über die man kühl diskutieren oder hitzig streiten kann.

Dennoch ist und bleibt die Lyrikvermittlung schwierig. »Eine Lyrikveranstaltung ist kein Abend, wo ich sagen kann: Da setz ich mich jetzt hin, das ist ne nette Unterhaltung, und dann geh ich wieder«, meint Frau Haeusgen. Auf Dichtung muss man sich einlassen und das braucht Konzentration. Deswegen wird am Lyrik Kabinett auf unterhaltsame Unterstützung der Veranstaltungen weitgehend verzichtet. Die in Mode gekommene mediale Untermalung und Plemplemklimperei im Background taugt hier wenig. Wenn nicht die unabdingbare Verbindung der Gedichte oder des Dichters zur Musik, zur bildenden Kunst oder zu Neuen Medien besteht, dann lässt man das lieber. Alles andere ist unnötiger »Kokolores«, wie Frau Haeusgen das bezeichnet.

Nach der an diesem Abend stattgefundenen Lesung wird keine Fragerunde erzwungen; die gehörten Gedichte werden nicht zerredet. Stattdessen wird nach der Lesung Wein angeboten, bei dem man ganz unhierarchisch miteinander ins Gespräch kommt. Weder steht der Professor überm Studenten, noch der Kritiker überm Leser, sondern alle stehen sich auf Du und Du gegenüber, und mittels unterhaltsamer Gespräche wird Literatur zum unmittelbaren Erlebnis. Jeder, der sich vor Publikum geniert, eine Frage zu stellen, kann nach der Lesung selbst zum Autor gehen und seine Interessen ergründen. »Inszenierte Gespräche zwischen Autor und Publikum funktionieren nicht oder sind unfruchtbar«, sagte Dr. Maria Gazzetti noch bei unserem Treffen. »Aber wenn hinterher jeder mit jedem reden kann, kommt mehr dabei raus«, meinte auch Frau

Haeusgen. Ihr schönstes Erlebnis sei immer noch die Gewissheit, dass die Leute was mitnehmen, und nach einer Lesung zufrieden nach Hause gehen.

Und als ich mich an diesem Abend selbst wieder aufmachte, nachts nach der Lesung das Kabinett verließ, den finstren Durchgang noch einmal durchschritt und »danach vom Dunkeln/ taumelnd an die Dämmerung trat« – wie mich die Verse von Ludwig Greve auf einer Texttafel noch einmal hinaus wiesen –, da leuchtete mir »Poesie« blau im Rücken. Und in fortgehenden Gedanken blinkt der beleuchtete Stolperstein in meinem Hirn und fragt mich, wie man die Poesie lebendig hält.

DER EINFACHSTE ÖFFENTLICHE RAUM
Literatur in Cafés und Kneipen

Von Johanna Hemkentokrax

Dämmerlicht, Zigarettenrauch und der rote Faden Alkohol. Plätze, an denen Menschen sich zum Trinken treffen, bereiten seit jeher die besten Böden für Literatur. Bars, Absteigen und Spelunken. Orte, nicht explizit der Kultur verschrieben – aber sie kann hier entstehen. Orte zwischen Tag und Nacht; wer sie betritt, bringt seine eigene Geschichte meist schon mit; Himmel und Hölle liegen wohl nirgendwo auf dieser Welt so dicht beieinander wie am Tresen der Stammkneipe. Es gibt auch Kneipen, die sich explizit der Literatur verschrieben haben. Die literarische Kneipe kann ein Ort für Lesungen sein, an dem man sich austauscht oder sogar schreibt. Eins ist sicher: Die Kneipe ist ein Schutzraum. Und sie ist einer der literarischsten Orte dieser Welt. Johanna Hemkentokrax hat sich auf eine literarische Kneipentour begeben und viel Spaß gehabt.

Kaffee Burger – Berlin Mitte

In Berlin Mitte an der Torstraße liegt die traditionsreiche Tanzwirtschaft Kaffee Burger. Von außen völlig unspektakulär, erinnert das Interieur an eine Mischung aus Western-Saloon und DDR-Tanzsaal. Jetzt, am späten Nachmittag, probt vorn im notdürftig beleuchteten Raum neben der Bar eine Band für den Abend. »Das wird ein kurzes Interview«, sagt Betreiber Heinz Heymann gleich zur Begrüßung und bittet in den hinteren Kneipenraum. Literaturveranstaltungen gebe es hier heute so gut wie keine mehr. In den 20er Jahren als anrüchiges Lokal der Séparéekultur *Café Lido* gegründet, wurde das Kaffee Burger nach dem Tanzverbot im Dritten Reich in den 70er zu Treffpunkt und Stammkneipe der Künstlerszene und Intellektuellen-Boheme. Hier trafen sich die Schauspieler der Volksbühne, Dichter und Schriftsteller des Untergrunds der DDR. Ulrich Plenzdorf, Thomas Brasch, Heiner Müller, Bettina Wegner und Katharina Thalbach waren Stammgäste im Burger. Nach der Repressionen durch die Stasi Ende der 70er wurde es in den 80er und 90er Jahren als gewöhnliche Gaststätte weiter betrieben. Als Heymann das Kaffee Burger mit Bert Papenfuß und Uwe Schilling 1999 von der alten Frau Burger übernahm, wollten sie die literarische Tradition der 70er wiederbeleben. »Eine Kombination aus Musik und Literatur sollte es sein«, sagt Heymann, »und dann wurde es immer mehr Party und immer weniger Literatur.« Die Leute seien einfach weggeblieben. »Das ist eine andere Klientel als früher«, sagt Heymann. Dabei hatte eigentlich alles ganz hoffnungsvoll begonnen.

Wladimir Kaminer gehört zu denen, die mit dem Kaffee Burger groß geworden sind. Er war Mitglied der bekannten Lesebühne *Heim und Welt*, die im Kaffee Burger stattfand. Als er begann hier erste Lesungen zu machen, kamen bis zu 200 Leute am Abend. »Da mussten wir am Anfang zusperren, weil keiner mehr reinkam«, erzählt Heymann bei Kaffee und Zigarette, »aber selbst das hat sich nach zwei Jahren nicht mehr gelohnt.« Die Russendisko laufe noch gut. Kaminer lege immer noch zweimal im Monat auf. Ansonsten werden alle paar Wochen Bücher released. »Da kommen schon weniger«, sagt Heymann. Ohne Party im Anschluss geht nicht mehr viel – jedenfalls nicht literarisch. »Was nach wie vor gut läuft, sind die Lesebühnen«, so Heymann. Die Lesebühne *Heim und Welt* ist auch nach elf Jahren noch sehr beliebt. Auch Poetry Slams funktionieren. Durchschnittsalter liegt dann bei 25, der Eventcharakter lockt besonders junge Leute. Heymann bedauert das nicht. »Ich weigere mich ja immer den Literaturbegriff so hoch zu fassen, als Hochliteratur. Es muss Spaß machen und dagegen ist eigentlich nichts zu sagen.« Die in Anführungsstrichen seriösen Sachen hätten sich ja alle erschöpft. »Manchmal sitzen die hier mit sechs Akteuren und das bei dem Aufwand. Das tat mir ja manchmal mehr weh als denen; wer liest, freut sich über jeden, der kommt.« Natürlich hätten sich die Leute verändert. Früher hätte es in Mitte mehr Studenten gegeben. Die könnten sich allerdings die Mieten nicht mehr leisten und seien weggezogen. Bars, Hostels und immer mehr Szeneläden haben Berlin Mitte in den letzten zehn Jahren verändert. »Es ist alles sehr viel schnelllebiger geworden«, sagt Heymann. Er hält das Konzept der »literarischen Kneipe« für überholt. »Aber das war es damals auch schon.« Er leert seinen Kaffee, zuckt mit den Schultern. »Wenn einer vorne sitzt mit nem Mikrofon und ner kleinen Lampe und mehr schlecht als recht das liest, was man selber lesen kann, dann hat sich das überlebt.« Was noch am ehesten funktioniere sei, wenn die Veranstalter eine befreundete Band einladen und ein Programm machen würden. »Die Leute wollen unterhalten werden.« Heymann hat sich damit abgefunden. Sagt er zumindest. Sie hätten es schließlich wirklich lange versucht. »Wir machen immer noch Lesungen. Wenn jemand kommt und es ist kein Schwachsinn oder sonstwie anstößig, dann darf er.« Heymann lacht. Man könne nicht drei, vier Tage die Woche mit Literatur füllen. Am Ende sei es nur noch ein Krampf gewesen. Poetry-Slams, Buch-Release-Partys und andere Events von heute haben mit dem künstlerischen Untergrund der 70er zwar nicht mehr viel zu tun. Aber eben auch ihre (literarische) Berechtigung. »Aber Fremdenführer kommen und stellen Touristengruppen vor die Tür«, sagt Heymann. Lächelt milde und wird zum Schluss nachdenklich. »Ich hab mich abgefunden. Irgendwann werden wir alle Hedonisten. Oder wir kriegen Kummerfalten.«

Rumbalotte continua – Berlin Prenzlauer Berg

Ein paar Straßenecken weiter im benachbarten Prenzlauer Berg verfolgt Bert Papenfuß seine eigene Vision von der literarischen Kneipe und ist von Kummerfalten und Hedonismus weit entfernt. In der Rumbalotte continua stehen die Türen offen. Drinnen läuft Musik, Papenfuß steht hinter der Bar, testet die Anlage für die Lesung am Abend – und hat das Interview vergessen. Macht nichts, ein paar Minuten mehr, um sich

umzusehen und das Bild, das der Internetauftritt der Rumbalotte zeichnet, zu korrigieren. Die Rumbalotte continua ist Teil des *Hauses der Anarchie* heißt es da – ein Konstrukt (so etwas wie eine Dachgesellschaft nur eben ohne Dach, bestehend aus der Rumbalotte, der Staatsgalerie Prenzlauer Berg und dem Buchladen Straßenschaden) wie Papenfuß später erklärt. Wer das nicht weiß, vermutet Besetzung, Abrissflair, einen Rest Nachwendeanarchie im schicken Prenzlauer Berg, vielleicht. Tatsächlich unterscheidet sich die Rumbalotte rein äußerlich wenig von anderen Szenebars – alles ist sehr schön hier. Die roten Ledersessel, die geschliffene Bar aus dunklem Holz, der Spiegel hinter der Bühne, die Bilder an der Wand (»Wir haben das so übernommen, wir hatten kein Geld und keine Zeit hier alles innerhalb von 14 Tagen niederzureißen«). Neben einem Fenster hängt ein gerahmtes Motörheadposter. Irgendwie

sehen sie sich doch ein bisschen ähnlich, Rock'n-Roll-Legende Lemmy Kilmister und Bert Papenfuß. Papenfuß hinter der Bar, Kilmister an der Wand: Papenfuß eine Berliner Lyriklegende – auch Rock'n Roll, nur eben literarisch – prägt den Literaturuntergrund der Hauptstadt konsequent und seit Jahrzehnten. Dass er sich dabei nicht um Trends schert und die Yuppisierung des Viertels irgendwie an ihm abzuperlen scheint, macht die Idee der Rumbalotte noch sympathischer. In der Kneipe *Torpedokäfer* hat Papenfuß 1994 zusammen mit Stefan Döring zum ersten Mal das Konzept Kneipe und Literatur ausprobiert, erzählt er, setzt sich und zündet sich die erste (von vielen) Zigaretten an. Zusammen gründeten sie auch die Zeitschrift *Sklaven*, die befreundete Autoren aus den 70er, 80er Jahren mit neuen Stimmen des literarischen Untergrunds zusammenbrachte. Im *Torpedokäfer* fanden Lesungen statt. Hier trafen sich Autoren, Verleger von unabhängigen Kleinstverlagen und Zeitschriftenherausgeber. Als es dort nicht weiterging, hat Papenfuß viel ausprobiert, andere Lesereihen in anderen Kneipen, ungezählte Magazine, Zeitschriften, Projekte. Mal mehr, mal weniger schräg, doch immer politisch. Allein, in der Gruppe, im eigenen Verlag. Das Traditionslokal Kaffee Burger hat er auch mal mitbetrieben, aber als Berlin Mitte dann Szene wurde und die Lesungen immer mehr zu Partys, ist er ausgestiegen. »Die Gentrifizierung hat mächtig zugeschlagen«, sagt Papenfuß. »Es war dann eher ein Amüsierschuppen.« Eigentlich habe er mit dem Geld durch den Verkauf erstmal Pause machen wollen. »Nach zwei Jahren habe ich mir dann gedacht, eigentlich gibt es gar keinen Ort mehr für so eine Art Literatur. Subkultur oder Underground in Anführungsstrichen.«

Stillstand ist bei jemandem wie Bert Papenfuß nur für begrenzte Zeit möglich. Seit September 2010 betreibt er nun die Rumbalotte continua (hinter dem Namen verbirgt sich, wen wundert's, ein anstößiger Seemannswitz und eine gleichnamige Buchreihe von Papenfuß). Die Rumbalotte ist fast eine Art Reservat, in dem die Tradition der literarischen Kneipe lebendiger ist denn je. »Wir wollten, dass das hier stattfindet«, sagt Papenfuß, drückt eine Zigarette im Aschenbecher aus und zieht schon die nächste aus der Packung. »Hier in dieser Region. Die Idee war schon, uns in dieser Gegend zu behaupten.« Nur 500 Meter entfernt liegt die Szenemeile Kastanienallee (»Ich komm da selten hin, aber da sind ja auch noch ein paar gute Läden«). »Es gibt trotz der Fluktuation noch Leute, die hier leben und diese Art von Literatur zu schätzen wissen.« *Diese Art von Literatur* ist die Art von Literatur, die das Programm der Rumbalotte ausmacht. In Richtung Sprachexperiment, Sprachkritik und Underground, auch oft politisch motiviert gehe das Programm. Es sei schwer, kritische, widerständige, aber trotzdem bodenständige und politische Literatur zu umschreiben, sagt Papenfuß. Die so genannte Prenzlauer Berg Connection ist auch zerfallen. Untergrund scheitert oft am Konsens. Sozialkritik ist der kleinste gemeinsame Nenner. *Subkultur* ein großes Wort und auch das Falsche, sagt Papenfuß.

Das Programm der Rumbalotte geht deshalb darüber hinaus. Das Lauter-Niemand-Literaturlabor findet hier auch sonntags statt. »Was mir nicht so lieb ist, sind Lesebühnen. Was so in die Richtung Kabarett geht, das möchte ich nicht so gern hier haben«, sagt Papenfuß. »Es muss schon rocken«, sagt er nachdenklich, »ich versuch die Literatur zu finden, die rockt.« Nachmittags kommen Leute und arbeiten hier, teilweise sind das dieselben Autoren, die abends lesen. Es gibt Internet, einen Drucker, (»Ich selbst schreib eigentlich überall«, kommentiert Papenfuß. »Mir egal ob ich vor oder hinter dem Tresen sitze. Für mich wär eigentlich Gefängnis ideal«, er lacht, »aber das würde mir eben nicht passen.«) Die Zeitung *Prenzlauer Berg Konnektör* liegt aus. Die Rumbalotte ist ein Ort, an dem Literatur nicht nur auf die Bühne kommt, sondern auch entstehen kann. »Ich glaube, dass sich da auch in den letzten 100 Jahren wenig geändert hat«, sagt Papenfuß. »Literatur, Untergrund und Kneipe habe schon immer zusammengehört. Da hat sich im Prinzip wenig dran geändert«. Jedenfalls nicht in der Rumbalotte continua. Es gibt wohl kaum einen geeigneteren Ort für *diese Art von Literatur*. Außer einem Haufen Literaturzeitschriften, schrägen Fanzines und Lyrikanthologien aller Art kann man noch ein paar Erkenntnisse mit nach Hause nehmen: Es gibt sie noch, die künstlerische Subversion. Sie muss nicht im Abbruch beheimatet sein und literarischer Rock'n Roll geht auch im Prenzlauer Berg noch ganz gut.

Helheim – Leipzig Plagwitz

»Helheim, so heißt eine sehr gute Black-Metal-Band aus Norwegen«, hat Bert Papenfuß mir auf den Weg zur nächsten literarischen Kneipe mitgegeben. Helheim ist tatsächlich eine Black-Metal-Band, aber auch der Name einer Metalkneipe, versteckt in einer Nebenstraße im Leipziger Stadtteil Plagwitz. Wirt Markus hat die langen Haare erst vor ein paar Monate abgeschnitten, die Musik ist krass und laut (für ungeübte Ohren vielleicht schmerzhaft), den Gästen gefällt's –

die meisten hören zu Hause auch nichts anderes. Dass an diesem Ort irgendeine Form von Literatur existieren kann, ist für Außenstehende schwer zu glauben, jedoch Teil des Konzepts. Auch wenn die Einrichtung in ihrer ganzen imposanten Rustikalität – holzvertäfelte Wände, Kachelöfen und klobige Sofagarnituren – eher an eine typische Eckkneipe erinnert, fällt das Helheim eindeutig in die Kategorie Subkultur – und die ist entgegen aller Vorurteile literarisch interessiert.

Markus Böhme schreibt selber. Als der 34jährige das Helheim im Oktober 2005 mit seiner Geschäftspartnerin Steffi gründete, war für beide klar, dass hier nicht nur Metal laufen soll, sondern eben auch Literatur. Erste Lesungen wurden organisiert. »Nach einem halben Jahr kamen schon die ersten Leute, die selber lesen wollten«, sagt Markus. Seitdem gehört der literarische Donnerstag zum Helheim wie das *Mittwochsfutter*, der *Armageddon über Plagwitz*, die wechselnden Bilderausstellungen an den Wänden und das Aquarium neben der Bar, das beson-

ders hässliche Exemplare der Gattung Wasserbewohner (zum Beispiel weiße Frösche) beherbergt. Am Anfang standen viele Besucher dem Literaturprogramm in der Metalkneipe eher skeptisch gegenüber. Doch das hat sich mittlerweile geändert. »Relativ schnell ist dann aber auch die offene Lesebühne dazugekommen«, sagt Markus. Die gibt es einmal im Monat und ist eine feste Instanz im literarischen Programm. Die Kombination aus Subkultur und Literatur ist aus Markus' Sicht für das Helheim Fluch und Segen gleichzeitig. Viele Leute in der Szene würden selber schreiben, wer allerdings das Helheim als reine Metalkneipe wahrnehme, dem würden die literarischen Programme natürlich erstmal merkwürdig anmuten, denn zu den Lesungen kommt heute nicht nur das subkulturelle Publikum. »Ich find's spannend, wenn da was aufeinander prallt«, sagt Markus, der früher als Sozialpädagoge in der offenen Jugendarbeit gearbeitet hat. Pädagogisches Geschick ist gefragt, wenn man die Interessen so verschiedener Gruppen unter einen Hut bekommen will. Am Anfang sei die Lesereihe vorwiegend von Leuten aus der Gruftiecke bestritten worden, erklärt Markus. Romantik- und Düsterästhetikfans stehen den schönen Künsten eben aufgeschlossener gegenüber als der Trash-Metaller von nebenan. Markus freut sich darüber, dass mittlerweile auch Leute zu den Lesungen kommen, die mit Metal gar nichts am Hut haben. »Irgendwann hat sich's von ganz alleine geöffnet.« Gerade zur offenen Lesebühne sind Publikum und Autoren bunt gemischt. »Ich lass mich da selber gern überraschen«, sagt Markus. »Viele Leute nutzen das als Einstiegsbühne.«

In der Sozialpädgogik würde man die Helheimbühne wohl als niedrigschwelliges Angebot bezeichnen: Keine Voranmeldung, keine Lesezeiten, kurze Anmoderationen, jeder der will, darf lesen. »So eine offene Bühne hat viele Reize«, sagt Markus. Einer dieser Reize sei zum Beispiel ein konstanter Austausch der jungen Autoren untereinander, die oft nach den Veranstaltungen ins Gespräch kämen und über das Gelesene diskutierten. Über lange Sicht könne man Weiterentwicklungen beobachten, gerade bei den jungen Autoren, die zum ersten Mal ihre Texte in der Öffentlichkeit präsentieren. Und dazu gehört auch der ein oder andere Misserfolg. »Vieles ist eben auch großer Unfug, wo man den Literaturbegriff schon sehr weit spannen muss.« Markus lacht. Manchmal seien allerdings auch echte literarische Augenöffner dabei. Viele haben auf der Helheimbühne ihre ersten Schritte in die Literaturszene gemacht. Social Beat, Düsterromantik, Lokalpoeten und sogar Lesungen aus Schülerzeitungen hat es im Helheim schon gegeben. Die Hochkultur würde bei vielen Texten vermutlich die Nase rümpfen, aber Clemens Meyer, Leipzigs wohl bekanntester Schriftsteller jüngerer Generation, hat im Helheim eben auch schon gelesen.

Mit der Zeit ist das Lesungsprogramm vielfältig geworden. Volly Tanner, Lokalmatador in Sachen schräger Literatur, hat gerade eine neue Reihe im Helheim vorgestellt. *Tanners Terrasse*, eine Art Literaturshow mit wechselnden Gastautoren. Die sei immer bis zum letzten Platz gefüllt, sagt Markus. »Ich finde, so eine Art von Literatur gehört auch in die Kneipe.« Die Kneipe sei der einfachste öffentliche Raum, wo Kultur stattfinden könne. »Vielleicht ein altertümliches Konzept.« Markus grinst und wird dann ernst. »Was man sich aus dem Kopf schlagen muss, ist, dass die Literaturschiene eine kluge Geschäftsidee ist.« Das könne man nur machen, wenn man wirklich Lust darauf habe. Meist fragen die Autoren selbst bei ihm an. Der organisatorische Aufwand ist zu groß, dafür dass der Durchschnittsbesucher ein Bier während der Lesung trinkt und dann wieder verschwindet. Beim literarischen Programm könne es auch nicht auf den Umsatz ankommen, sagt Markus. Er will keine Eventgastronomie, sondern einen Lebensraum schaffen und Leute miteinander ins Gespräch bringen. »Aber dafür sind wir hier eben auch in einem Stadtteil und nicht in irgendeiner Fußgängerzone.«

Literaturweinstube – Apolda

Mitten in einer Fußgängerzone – allerdings einer recht kleinen und um 19.00 Uhr am Dienstagabend im thüringischen Apolda fast gänzlich ausgestorbenen – liegt die Literaturweinstube von Gastwirt Rainer Fischer. Der hat im Leben schon vieles gemacht (»Florist, Dreher, Drechsler, Tischler, Filmvorführer und Hausmeister – alles außer Fremdenlegionär«) und das sieht man der Liwei, wie die Literaturweinstube von ihren Stammgästen liebevoll genannt wird, auch an. Drinnen herrscht stilistisches Chaos, die niedrige Decke erinnert an eine Bauernstube. Alles ist eng und vollgestellt mit Sofas, Stühlen, Regalen voll alter Bücher, Kerzenleuchtern: Nichts passt zusammen und genau das macht dieses Wohnzimmergefühl aus, das sich unmittelbar nach dem Betreten der Literaturweinstube einstellt. Die Lesung heute Abend findet draußen im Hof statt. Rainer Fischer, der seit Urzeiten auch noch Bluesmusik mit seiner eigenen Band macht, bittet an einen kleinen Tisch. Der Hinterhof sieht genauso aus wie die Weinstube drinnen – nur unter freiem Himmel. Kopfsteinpflaster, wilder Wein rankt vom Dach des Hauses und über die Mauer zum Nachbargrundstück, ein Holunderbusch verdeckt halb die Scheune, die Fischer selbst ausgebaut hat. Überall stehen alte Sofas herum, Kakteen und Margaritenbüsche in Terracottatöpfen, Lampen, Kerzenleuchter, alle Stile, alles alt. Alles urgemütlich.

»Das war ganz kurios«, sagt Fischer, »ich hatte hier nen Blumenladen drin.« Bei all dem Pflanzenwildwuchs in und um die Weinstube liegt das nahe. Fischer ist ein ruhiger Typ, einer der zwischendurch gern mal eine Pause macht und die Gedanken schweifen lässt. Einen Blumenladen hat er hier gehabt und dann kamen immer mehr Leute und hätten gesagt: Mensch, Fischer, das war doch immer dein Traum, so ein Ort. »Ich selber hatte das ganz vergessen.« Er lacht. So ein Ort, wo Kultur wachsen und gedeihen kann. Zuerst hat er in einer anderen Kneipe literarische Programme aufgeführt. Eugen Roth, Tucholsky, Brecht, Bukowski, mit seinem Edgar-Allen-Poe-Programm ist er sogar durch die Provinz getourt. Dann hat er die Liwei eröffnet. »Das erste halbe Jahr wars Blumenladen und Weinstube, dann kam Live-Musik dazu.« Und natürlich die Literaturprogramme. Da gibt es eine Mischung aus Literatur und Musik, manchmal improvisieren Musiker und Autoren spontan. So wie heute Abend. Der junge Autor Sebastian Brandt stellt sein Buch *Bon om Toek* vor und bespricht den Ablauf mit dem Gitarristen, der ihn beglei-

tet. Es wird viel ausprobiert. Es muss Spaß machen. »Ich wollte Türen öffnen«, sagt Fischer heute, »jede Art von Literatur hat hier ihren Platz.« Die Autoren kommen meist aus der Region. Thüringen, Sachsen, Sachsen-Anhalt, Hessen. Meist unbekannte Autoren, ohne Verlag oder in Kleinstverlagen. Quereinsteiger, aber durchaus professionell, sagt Fischer. »Ich finde das ganz wichtig, so eine Plattform zu geben«. Das Publikum ist bunt gemischt. »Vom Gymnasiasten bis über siebzig ...« »Das Publikum ist hier einzigartig«, ergänzt Sebastian Brandt. Es sei überhaupt keine Anonymität da, eine Oase sei die Liwei. Man spürt, das Rainer Fischers Herz in diesem Ort steckt. Jeder ist willkommen. Alle kommen miteinander ins Gespräch. Wohlfühlen ist hier ansteckend. »Hier war immer Schweiz«, sagt Fischer. Zwischen drei und über dreißig Leute kämen zu dem Lesungen. »Das kannste nicht beeinflussen. Das spielt aber auch keine Rolle.« Das Publikum kommt aus Apolda, Jena, Weimar, manchmal sogar aus Leipzig.

Langsam füllt sich der Hinterhof mit dem Publikum, das Fischer beschrieben hat. Eine Gruppe junger Frauen, Pärchen mittleren Alters, Kaffeetassen, Weingläser und Bierflaschen stehen einvernehmlich auf den Tischen. Jeden, der durch die Tür ins Freie kommt, kennt Fischer persönlich. »Die Leute kommen wegen dem Ort und wegen Rainer«, sagt Brandt. »Er als Person ist auch ein wichtiger Anziehungspunkt. Wie er Leute dazu bringt, miteinander hierzusein, das ist was ganz Besonderes.« Rainer Fischer windet sich ein bisschen. »Ich glaube, dass ist hier die Mischung aus Ambiente, Genuss und Literatur,« sagt er und wechselt das Thema. »Ich wollte nie so ne richtige Kneipe haben. Diese Stammtischgespräche, sowas findet hier nicht statt.« Deshalb habe er gleich zu Beginn die Bierpreise extra hoch angesetzt, sagt er und lacht. Er habe das andere um die Kultur herum aufgebaut. Er habe nicht mal Startkapital gehabt, habe nur gedacht: Du musst einen Ort schaffen wo so etwas geht. »Apolda hat Dorfcharakter«, sagt Fischer.

Als reiner Lesungsort würde die Weinstube deshalb nicht funktionieren. Aber das war auch von Anfang an nicht das Konzept. Nach der Wende sei er froh über jeden, der hier im Ort mehr gemacht habe, als nur Kneipier zu sein. »Ich hab das auch in Apolda gemacht, weil ich hier so unheimlich gern lebe. Dieses Gejammere ging mir auf die Nerven, dieses Grau in den Köpfen, dieses: Es ist alles scheiße. Das ist es nicht«, ergänzt er. »Es ist bunt.« Das ist es wirklich. Hier im Hinterhof im beinahe ausgestorbenen Apolda. Die Sonne versinkt hinter dem Scheunendach, Kerzen werden auf den Tischen angezündet. Der Autor betritt die improvisierte Bühne, eine Katze lässt sich auf der Sofalehne nieder. Angekommen.

Autoren

AUTOREN

HENNING AHRENS wurde 1964 in Peine, Niedersachsen, geboren und lebt heute als Schriftsteller und Übersetzer in Handorf bei Peine. Er studierte Anglistik und Geschichte und promovierte über John Cowper Powys. Zu seinen Veröffentlichungen gehören Gedichtbände und Romane. 2009 erschien das *Provinzlexikon* (Knaus Verlag), in dem Henning Ahrens von A bis Z über die Provinz »in uns und um uns herum« schreibt. Er wurde mit dem Wolfgang-Weyrauch-Förderpreis, dem Nicolas-Born-Preis und dem Friedrich-Hebbel-Preis ausgezeichnet.

KATHARINA BENDIXEN, 1981 in Leipzig geboren. Studium der Buchwissenschaft. Autorin und Journalistin. Würth-Literaturpreis, Wiener Werkstattpreis, erostepost-Literaturpreis. *poet*-Redakteurin. Herausgeberin der Anthologie *Quietschblanke Tage, spiegelglatte Nächte*. Zuletzt: *Der Whiskyflaschenbaum. Erzählungen* (poetenladen 2009) und *Gern, wenn du willst. Erzählungen* (poetenladen, Januar 2012).

JÖRG BERNIG, geboren 1964 in Wurzen, Erzähler und Lyriker. Promotion an der FU Berlin. Mehrere Preise und Stipendien. Mitglied der Sächsischen Akademie der Künste und des P.E.N. Zuletzt: *wüten gegen die stunden. Gedichte* (Mitteldeutsche Verlag 2009) und *Niemands Welt. Sieben Nachrichten aus Mitteleuropa. Essay* (w.e.b. Verlag 2009).

MICHAEL BRAUN, 1958 in Hauenstein/Pfalz geboren, lebt als Literaturkritiker und Herausgeber in Heidelberg. Gab zuletzt (zusammen mit Hans Thill) die Anthologie *Lied aus reinem Nichts* (Wunderhorn 2010) heraus. Verantwortlich für den Deutschlandfunk-Lyrikkalender. Zusammen mit Michael Buselmeier hat er über ein Vierteljahrhundert Gedichte der Gegenwart ausgewählt und kommentiert. 2009 kam die Sammlung *Der gelbe Akrobat* im poetenladen Verlag heraus.

THEO BREUER, geboren 1956 in Bürvenich/Rheinland, lebt in Sistig/Eifel. Schreibt in erster Linie Gedichte und lyrische Essays. Aktuelle Publikationen: *Aus dem Hinterland. Lyrik nach 2000* (2005), *Kiesel & Kastanie. Von neuen Gedichten und Geschichten* (2008), *Wortlos und andere Gedichte* (Silver Horse Edition 2009).

MICHAEL BUSELMEIER, 1938 in Berlin geboren. Freier Publizist und Schriftsteller (Lyrik, Roman, Essay). Michael Buselmeier wuchs in Heidelberg auf. 2010 erhielt er den Ben-Witter-Preis. Zusammen mit Michael Braun hat er über ein Vierteljahrhundert Gedichte der Gegenwart ausgewählt und kommentiert. 2009 kam die Sammlung *Der gelbe Akrobat* im poetenladen Verlag heraus. Zuletzt erschien von ihm der Theaterroman *Wunsiedel* (Wunderhorn 2011).

ANNE DORN, geboren 1925 in Wachau, lebt seit 1969 als Schriftstellerin in Köln. Sie wird der so genannten *Kölner Schule des neuen Realismus* (Dieter Wellershof, Günter Herburger, Günter Seuren u.a.) zugerechnet. Anne Dorn verfasst Romane, Hörspiele und arbeitet für das Fernsehen. Ihre Gedichte erschienen regelmäßig im *Jahrbuch der Lyrik*. Ihr erster Gedichtband wird 2011/2012 im poetenladen Verlag herauskommen. Zuletzt erschien der Roman *Spiegelungen* (Dittrich Verlag 2010).

KURT DRAWERT, geboren 1956 in Hennigsdorf (Brandenburg), lebt in Darmstadt als Autor von Lyrik, Prosa, Dramatik und Essays. Zahlreiche Preise, u.a. Leonce-und-Lena-Preis, Ingeborg-Bachmann-Preis und Rainer-Malkowski-Preis der Bayerischen Akademie der Schönen Künste 2008. Zuletzt erschien der Roman *Ich hielt meinen Schatten für einen anderen und grüßte* (C. H. Beck 2008) sowie der Gedichtband *Idylle, rückwärts* (C. H. Beck 2011).

CLEMENS EICH, 1954 in Rosenheim geboren, ist Sohn des Schriftstellerpaares Ilse Aichinger und Günter Eich. Er wuchs in Großgmain bei Salzburg auf und lebte bis zu seinem Unfalltod als freier Schriftsteller in Hamburg und Wien. 1996 wurde er mit dem Mara-Cassens-Preis ausgezeichnet. Zuletzt erschienen: *Gesammelten Werke* (hrsg. von Elisabeth Eich und Ulrich Greiner, S. Fischer Verlag 2008).

ADOLF ENDLER, geboren 1930 in Düsseldorf, siedelte 1955 in die DDR über. Nach dem Studium am Leipziger Literaturinstitut arbeitete er als Lyriker, Kritiker, Essayist und Prosa-Autor. Von 1991 bis 1998 leitete er mit Brigitte Schreier-Endler die legendären Lesungen *Orplid & Co* im Café Clara, Berlin Mitte. Adolf Endler starb am 2. August 2009 in Berlin. Posthum erschienen: *Dies Sirren. Gespräche mit Renatus Deckert* (Wallstein Verlag 2010).

MANFRED ENZENSPERGER, geboren 1952 in Köln, Studium der Anglistik, Germanistik und Erziehungswissenschaft an den Universitäten Köln, Cambridge und Yale (USA). Mit Gedichten aus *Semiopolis* und dem zuletzt erschienenen Band *Endlich Boppard* (2010) war Manfred Enzensperger Finalist beim Lyrikpreis Meran. 2005 erschien im DuMont Verlag die Anthologie *Die Hölderlin Ameisen. Vom Finden und Erfinden der Poesie.*

HEIKE GEISSLER, geboren 1977 in Riesa, studierte Germanistische Literaturwissenschaft und Philosophie in Halle/Saale und Leipzig, lebt als freie Autorin in Leipzig. Veröffentlichungen unter anderem: *Rosa* (Roman, DVA 2002), *Nichts, was tragisch wäre* (Erzählung, DVA 2007), *Emma und Pferd Beere* (Kinderbuch, Lubok 2009). Gemeinsam mit Anna Lena von Helldorff Herausgeberin der Heftreihe *Lücken kann man lesen.*

TINA ILSE MARIA GINTROWSKI, geboren 1978 in Berlin, studierte Germanistik, Romanistik und am Deutschen Literaturinstitut Leipzig, war Preisträgerin (Open Mike), Stipendiatin (Schöppingen), Praktikantin in der Landwirtschaft und »Pilgerin bis ans Ende der Welt«. Zurzeit lebt sie in Bonn oder ist auf Reisen. Sie schreibt Erzählungen, Kurzprosa und Lyrik. Im poetenladen erschien ihr Debüt: *PENG. Lyrikstories und andere Gedichte.*

CAROLA GRUBER, geboren 1983 in Bonn, studierte Kreatives Schreiben und Kulturjournalismus sowie Allgemeine und Vergleichende Literaturwissenschaft in Hildesheim, Berlin und Montreal. Zurzeit ist sie Wissenschaftliche Mitarbeiterin im Bereich Neuere deutsche Literatur an der Ludwig-Maximilians-Universität München. Sie veröffentlichte u.a. in den Zeitschriften *Am Erker* und *poet* sowie die Prosasammlung *Alles an seinem Platz* (poetenladen 2008).

HARALD HARTUNG, geboren 1932 im westfälischen Herne, lebt in Berlin. Von 1971 bis 1998 war er Literaturprofessor an der Technischen Universität. Neben seiner dichterischen Arbeit trat er auch als Herausgeber, Kritiker und Essayist hervor. Er ist Mitglied mehrerer Akademien. Zuletzt erschien von ihm der Band: *Wintermalerei* (Wallstein Verlag 2010).

MARTINA HEFTER, geboren 1965 in Pfronten (Allgäu), studierte zeitgen. Tanz und am Deutschen Literaturinstitut Leipzig. Derzeit u.a. Beschäftigung mit performativen Arbeiten an der Schnittstelle zwischen Text und Bewegung, außerdem Gastdozentin am Deutschen Literaturinstitut. Sie erhielt das London-Stipendium des Deutschen Literaturfonds und den Lyrikpreis Meran 2008. Zuletzt veröffentlichte sie den Gedichtband: *Nach den Diskotheken* (kookbooks 2010)

ANDREAS HEIDTMANN, geboren 1961 bei Wesel. Klavierstudium in Köln, Studium der Germanistik und Philosophie in Berlin. Mehrere Preise (Lessingförderpreis 2011, Hermann-Hesse-Preis als Herausgeber 2010) und Stipendien (Kultursenat Berlin, Stadt Leipzig). Autor, Lektor und Herausgeber. Gründete 2005 das Label poetenladen und 2008 den gleichnamigen Verlag. Zuletzt: *Storys aus dem Baguette* (Athena 2005).

JOHANNA HEMKENTOKRAX, geboren 1982 in Bielefeld. Lebt in Leipzig. 2003 bis 2008 Studium am Deutschen Literaturinstitut in den Fächern Prosa und Dramatik. Limburger Förderpreis. Veröffentlichungen in Zeitschriften und Anthologien sowie journalistische Arbeiten.

FRANZ HODJAK wurde 1944 in Hermannstadt (Sibiu) geboren und studierte Germanistik. 1992 übersiedelte er nach Deutschland. Er schreibt Lyrik und Prosa und übersetzt aus dem Rumänischen. Ausgezeichnet wurde er unter anderem mit dem Preis des Landes Kärnten beim Bachmann-Wettbewerb und war 2002 Stadtschreiber von Dresden. Zuletzt veröffentlichte er den Band *Die Faszination eines Tages, den es nicht gibt* (Verlag Ralf Liebe 2009).

TIM HOLLAND, geboren 1987 in Tübingen, Ausbildung zum Buchhändler, seit 2010 Studium am Deutschen Literaturinstitut Leipzig.

FELIX PHILIPP INGOLD, geboren 1942 in Basel, lebt als Übersetzer, Publizist und Herausgeber in Zürich. Studium und Promotion in Basel. Zu den Preisen, die er erhielt, gehören der Manuskripte- und der Ernst-Jandl-Preis sowie der Erlanger Literaturpreis für Übersetzungen und die *Schweizer Literaturperle* 2009. Zahlreiche Veröffentlichungen und Übersetzungen. Zuletzt erschien der Gedichtband: *Steinlese – zweimal 33 Gedichte* (onomato Verlag 2011).

ULRICH KOCH, geboren 1966 in Winsen an der Luhe, lebt in Radenbeck bei Lüneburg. Er veröffentlichte mehrere Gedichtbände zunächst beim Residenz Verlag. 2011 erhielt Ulrich Koch den Hugo-Ball-Förderpreis. Zuletzt erschien der Band: *Lang ist ein kurzes Wort* (Lyrikedition 2000, 2009).

SASCHA KOKOT, 1982 geboren, Lehre als Informatiker, Studium am Deutschen Literaturinstitut Leipzig. 2008 Drehbuchpreis *Ansichtssache* und Verfilmung in Kiew. Mehrere Stipendien, 2011 Finalist beim Leonce-und-Lena-Preis und beim 4. Literaturwettbewerb Wartholz. Veröffentlichungen in Anthologien und Zeitschriften.

UWE KOLBE, geboren 1957 in Berlin (Ost), lebt in Berlin. 1976 wurden auf Vermittlung von Franz Fühmann erste Texte von Uwe Kolbe in der Literaturzeitschrift *Sinn und Form* veröffentlicht. 1987 siedelte er in die Bundesrepublik über. Ausgezeichnet wurde er unter anderem mit dem Friedrich-Hölderlin-Preis und dem Preis der Literaturhäuser. Zahlreiche Gedichtbände, so zuletzt *Heimliche Feste* (Suhrkamp 2008).

THILO KRAUSE, geboren 1977 in Dresden, lebt in Zürich. Promotion an der ETH Zürich. Veröffentlichungen in Zeitschriften und Anthologien. 2009 Werkjahr des Kantons Zürich. 2010 Irseer Pegasus. 2011 Finalist beim Leonce-und-Lena-Wettbewerb.

NADJA KÜCHENMEISTER, geboren 1981 in Berlin, studierte Germanistik und Soziologie in Berlin und anschließend am Deutschen Literaturinstitut in Leipzig. Sie erhielt den Kunstpreis Literatur Berlin-Brandenburg sowie den Mondseer Lyrikpreis. 2011 erschien ihr Debütband *Alle Lichter* (Schöffling & Co. 2010).

JAN KUHLBRODT, 1966 in Chemnitz geboren. Studium der Politischen Ökonomie, der Philosophie und am Deutschen Literaturinstitut, wo er zurzeit als Dozent tätig ist. Neben zwischenzeitlicher Arbeit als Antiquar war er Lehrer bei einem Projekt für straffällig gewordene Jugendliche. Mitherausgabe der Anthologie *Umkreisungen* (poetenladen 2010), 2010 erschien der Roman *Vor der Schrift* (Plöttner Verlag).

AUGUSTA LAAR lebt in München und Wien. Freie Lehrtätigkeit in den Bereichen Lyrik, Wahrnehmung und Klang u.a. für Goethe-Institute, Schule für Dichtung Wien, Jeunesse Wien, Wiener Festwochen, Literaturhaus München. *weniger stimmen.* Gedichte (edition selene Wien 2004). Fanzines und CDs *Kunst oder Unfall I – IV. if you write a poem for me* (Ausstellungskatalog Europäisches Patentamt 2010).

NORBERT LANGE, 1978 in Gdingen geboren, im Rheinland aufgewachsen, studierte in Berlin und von 2002 bis 2006 in Leipzig am Deutschen Literaturinstitut. Er trat als Lyriker, Essayist und Übersetzer hervor. 2006 erhielt er ein Aufenthaltsstipendium im Künstlerhaus Schloss Wiepersdorf und 2009 im Künstlerhaus Edenkoben. 2005 erschien *Rauhfasern* (Lyrikedition 2000, 2005) und 2010 *Das Geschriebene mit der Schreibhand*. Aufsätze (Reinecke & Voß).

ELISABETH LANGGÄSSER wurde 1899 im rheinhessischen Alzey geboren und arbeitete zwischen 1919 und 1931 als Lehrerin. Nach Kriegsende trat sie mit dem Roman *Das unauslöschliche Siegel* und dem Gedichtband *Der Laubmann und die Rose* hervor. Elisabeth Langgässer starb 1950 in Karlsruhe. Posthum erhielt sie den Georg-Büchner-Preis.

MARIE T. MARTIN, geboren 1982 in Freiburg. Studium am DLL und Ausbildung zur Theaterpädagogin. Veröffentlichte in den Bereichen Lyrik, Prosa und Hörspiel. MDR-Förderpreis, Rolf-Dieter-Brinkmann-Stipendium, Residenzstipendium in Istanbul. Im Frühjahr 2011 erschien ihr Debüt, der Erzählband *Luftpost,* im poetenladen Verlag. 2012 erscheint ihr Lyrikdebüt, ebenfalls im poetenladen Verlag.

PEGGY NEIDEL, geboren 1981 in Zwickau. Studium der Germanistik und Neueren Geschichte in Düsseldorf. Mitorganisatorin literarischer Veranstaltungen und Festivals. Redaktionsmitglied des Literaturmagazins *Proto*. Lyrikveröffentlichungen u.a. in *Perspektive* (Graz).

MARKUS ORTHS wurde 1969 in Viersen geboren und lebt heute in Karlsruhe. Bekannt wurde er mit dem satirischen Roman *Lehrerzimmer* (2003). Es folgten weitere Romane und Erzählungen. Zu den Preisen, die er gewann, gehören der Open Mike 2000 und der Telekom-Austria-Preis beim Bachmann-Wettbewerb. Zuletzt erschien der Roman *Die Tarnkappe* (Schöffling & Co. 2011).

DIRK VON PETERSDORFF, geboren 1966 in Kiel, lebt als Professor für Neuere deutsche Literatur in Jena. Er erhielt den Friedrich-Hebbel-Preis, den Kleist-Preis und hatte 2009 die Mainzer Poetikdozentur inne. Seit 2004 ist er Mitglied der Mainzer Akademie der Wissenschaften und der Literatur. Zuletzt erschien: *Nimm den langen Weg nach Haus*. Gedichte (C. H. Beck 2010).

STEFFEN POPP, geboren 1978 in Greifswald, wuchs in Dresden auf und lebt in Berlin. Er ist Autor der Gedichtbände *Wie Alpen* (2004) und *Kolonie zur Sonne* (2008) sowie des Romans *Ohrenberg oder der Weg dorthin* (2006, alle bei kookbooks). Daneben ist er als Übersetzer tätig und übertrug Ben Lerners Gedichtband *Die Lichtenbergfiguren.* 2011 erhielt er den Leonce-und-Lena-Preis und beim Bachmann-Wettbewerb den Kelag-Preis.

KERSTIN PREIWUSS, geboren 1980 in Lübz (Mecklenburg), wuchs in Plau am See und in Rostock auf. Sie studierte Germanistik, Philosophie und am Deutschen Literaturinstitut Leipzig. 2006 erschien ihr Lyrikdebüt *Nachricht von neuen Sternen* (Connewitzer Verlagsbuchhandlung). 2012 folgt ihr zweiter Gedichtband *Rede* im Suhrkamp Verlag.

KATHRIN RÖGGLA, geboren 1971 in Salzburg, lebt in Berlin. Studium der Germanistik und Publizistik. Radioarbeiten, Theaterstücke und neun Bücher. Auszeichnungen: Anton-Wildgans-Preis, Solothurner Literaturpreis und Internationaler Preis für Kunst und Kultur Salzburg, Bruno-Kreisky-Preis für das politische Buch und Preis der SWR-Bestenliste, Italo-Svevo-Preis. Zuletzt erschienen: *die alarmbereiten* (Fischer 2010).

MARC OLIVER RÜHLE, geboren 1985 in Dresden, arbeitet als freier Journalist, ist verliebt in Leipzig, lebt in Berlin und studiert Literarisches Schreiben & Kulturjournalismus in Hildesheim.

ULRIKE ALMUT SANDIG, geboren 1979 in Großenhain, studierte Religionswissenschaft und Indologie sowie am DLL. Zuletzt erschien ihr zweites Hörspiel *Unter Wasser* (SWR 2010) sowie ihr Erzählband *Flamingos* (Schöffling & Co. 2010). 2011 kam der Gedichtband *Dickicht* (Schöffling & Co.) heraus. Ihre Gedichte wurden u.a. mit dem Leonce-und-Lena-Preis 2009 ausgezeichnet. Website: www.ulrike-almut-sandig.de

CHRISTIAN SCHLOYER wurde 1976 in Erlangen geboren, wo er auch studierte und die Autorengruppe und Schreibwerkstatt *Wortwerk* gründete. Heute lebt er als Schriftsteller in Nürnberg und arbeitet als Werbetexter in Schwabmünchen. Er war unter anderem Preisträger beim Open Mike und erhielt den Leonce-und-Lena-Preis. 2007 erschien sein Lyrikband *spiel • ur • meere* (kookbooks).

WALTER FABIAN SCHMID, geboren 1983, ist Schweizer und Deutscher. Studium der Diplom-Germanistik / Literaturvermittlung in Bamberg. Schreibt Prosa und Lyrik. 2011 Finalist beim Leonce-und-Lena-Wettbewerb.

LISA VERA SCHWABE, geboren 1982, aufgewachsen in Berlin, studierte Kulturwissenschaften und ästhetische Praxis in Hildesheim. Sie ist Mitbegründerin des freien KünstlerInnenkollektivs THEATER KORMORAN. 2011 ist sie Stipendiatin der Schreibwerkstatt der Jürgen Ponto-Stiftung im Herrenhaus Edenkoben, 2012 ist sie Stipendiatin des Künstlerhaus Lukas/Ahrenshoop. Sie lebt und arbeitet in Leipzig.

VOLKER SIELAFF, geboren 1966 in Großröhrsdorf (Lausitz), lebt in Dresden. Seit 1990 publiziert er Gedichte, Essays und Kritiken in Zeitungen, Zeitschriften und Anthologien. Seine Gedichte wurden in mehrere Sprachen übersetzt. 2007 erhielt er den Lessing-Förderpreis. 2011 erschien der Band *Selbstporträt mit Zwerg* (Luxbooks).

JAN SNELA, geboren 1980 in München, Studium der Komparatistik, Rhetorik, Slavistik und am Studio für Literatur und Theater in Tübingen. Preisträger beim 18. Open Mike (2010). Arbeitsstipendium des Förderkreises deutscher Schriftsteller in Baden-Württemberg (2011). Lebt in Tübingen.

MICHAEL SPEIER wurde 1950 im badischen Renchen geboren. Er lebt als Schriftsteller, Übersetzer und Literaturwissenschaftler in Berlin. Er ist Gründer und Herausgeber von *PARK – Zeitschrift für neue Literatur* und des Paul-Celan-Jahrbuchs. Für sein literarisches Werk erhielt er den Schiller-Preis der Deutschen Schillerstiftung Weimar. Zuletzt erschien der Band *welt / raum / reisen* (Aphaia Verlag 2007).

MICHAEL STAVARIČ, geboren 1972 in Brno, lebt als freier Schriftsteller, Übersetzer, Kolumnist und Kritiker in Wien. Zuletzt veröffentlichte er die Romane *Böse Spiele* (2009) und *Brenntage* (2011) sowie die Kinderbücher *Biebu* (2008) und *Hier gibt es Löwen* (2011). Michael Stavarič erhielt unter anderem den **Buch.Preis** (2007), den Adelbert von Chamisso-Förderpreis (2008) und einen Österreichischen Staatspreis für Kinder- und Jugendliteratur (2009).

MARTINA WEBER, 1966 in Mannheim geboren, lebt in Frankfurt am Main. Lyrikerin, Juristin. Lyrikveröffentlichungen in *Blumenfresser, Krautgarten, Ort der Augen, Sinn und Form, Macondo* und im *Jahrbuch der Lyrik*. Frankfurter Autorenstipendium 2009, Georg. K. Glaser-Förderpreis 2008. Einzelband: *Zwischen Handwerk und Inspiration. Lyrik schreiben und veröffentlichen* (Uschtrin Verlag, 2. Auflage 2008).

LEVIN WESTERMANN, geboren 1980 in Meerbusch. Studium der Philosophie und Soziologie, seit 2009 Student am Schweizerischen Literaturinstitut in Biel/Bienne. Schreibt Gedichte. Lyrikpreis beim 18. Open Mike 2010. 2011 Finalist beim Leonce-und-Lena-Wettbewerb.

Park

Zeitschrift
für internationale Gegenwartspoesie, Berlin

HEFT 64

Herausgegeben
von MICHAEL SPEIER

GEDICHTE

MONIKA RINCK
MARION POSCHMANN
SILKE SCHEUERMANN
ULRIKE ALMUT SANDIG
ULRIKE DRAESNER

**GEGENWARTSLYRIK
AUS FLANDERN**

DIRK VAN BASTELAERE
PAUL BOGAERT
ELS MOORS
ERIK SPINOY
STEFAN HERTMANS

DREI SERBISCHE DICHTER

MIODRAG PAVLOVIĆ
ZLATKO KRASNI
JOVAN ZIVLAK

CHRISTOPH MECKEL
Rede in Novi Sad

Gennadij Ajgi
Paul Celan
Michel Deguy
Helmut Heißenbüttel
Uwe Kolbe
Oskar Pastior
Octavio Paz
Gerhard Falkner
Jan Skácel
Erich Arendt
Joan Brossa
Wolfgang Dietrich
Michael Buselmeier
Rose Ausländer
Sohrab Sepehri
Olga Sedakowa
Lars Gustafsson
Arthur Lundkvist
Friederike Mayröcker
Christoph Meckel
José Emilio Pacheco
Jaime Sabines
Thomas Kling
Ulrike Draesner
Durs Grünbein
Hans-Ulrich Treichel
Dieter M. Gräf
Santiago Kovadloff
Tobias Burghardt
Lars Norén
Johannes Poeten
Jacques Dupin
Adam Zagajewski

Antonio Cisneros
Andrea Zanzotto
Jean Daive
Mario Luzi
Charles Tomlinson
Pearse Hutchinson
Sara Berkeley
Robert Duncan
Jacques Roubaud
Jan Koneffke
Jürgen Theobaldy
Monika Rinck
Carol Ann Duffy
Michael Palmer
Kenneth Koch
Rosmarie Waldrop
Elke Erb
Ron Winkler
Albert Ostermaier
Ilya Kutik
John Montague
Detlev Meyer
Arjen Duinker
K. Angelaki-Rooke
Eira Stenberg
Edoardo Sanguineti
Jaime Siles
Christoph W. Aigner
Paul-Eerik Rummo
Ernst Meister
Cristina Peri Rossi
Alexei Parshchikov
Philippe Denis
u. a.

Erhältlich über den Buchha
oder direkt bei:
PARK c/o Michael Speier
Tile-Wardenberg-Straße 18
D-10555 Berlin
Email: park53@aol.com

» **EINE TRIBÜNE DER LITERATUR,
OFFEN FÜR
DIE LITERATUREN
DER WELT...**«

WALTER HINCK

Zeitschrift für Literatur,
Kunst und Kritik
Herausgegeben von Johann P. Tammen

»Das zur Zeit erfolgreichste
deutsche Literaturjournal!«
Hannoversche Allgemeine Zeitung

EIN JOURNAL, »DAS ALLE
HABEN MÜSSEN, DIE ÜBER
GESCHMACK VERFÜGEN!«

edition **die horen**

nw◆

die horen: »Eine der markantesten und vielseitigsten Literaturzeitschriften der Gegenwart.« *Paul Raabe* // »So umfangwie inhaltsreich, so lesens- wie sehenswert.« – *Neue Zürcher Zeitung.* – *Jetzt im 56. Jahrgang!

die horen kann man auch abonnieren: 4 Bände im Jahr, jeweils zu den Jahreszeiten = 40,– Euro; jeder Band buchdick, mit zahlreichen Illustrationen. Einzelband 14,– Euro, Doppelband 16,50 Euro, jeweils zzgl. Versandkosten.

Verlag und Vertrieb: *edition* **die horen** im Wirtschaftsverlag NW, Verlag für neue Wissenschaft GmbH, Postfach 10 11 10, 27511 Bremerhaven. Telefon: (04 71) 9 45 44-0, Fax: (04 71) 9 45 44-88, Email: vertrieb@nw-verlag.de

www.die-horen.de

Die Empfehlung für den Herbst:
»Rückseitenwetter«
Christian de Simoni

Roman
Rückseitenwetter
Christian de Simoni

»Der Poetenladen-Verlag. Erstaunlich wendig. Erstaunlich erfolgreich. Erstaunlich hohe Qualität und soooo schöne Titel: *Peng – Im Eisluftballon – Es gibt eine andere Welt.*«   Radio Bremen

http://www.roughbooks.ch — roughbook013/31 Reaktionen zu Elke Erb/Deins — roughbook012/Czernin, Egger, Fritsch, Köhler, Rinck/Je tiefer ich sinke, je süßer ich trinke – Annäherungen an Mechthild von Magdeburg — roughbook011/Konstantin Ames/Alsohäute — roughbook010/Ulf Stolterfoht/Ammengespräche — roughbook009/Stephan Broser/Flugsand um die Sphinx – Freud mit Freud zu lesen — roughbook008/Werner Hamacher/95 Thesen zur Philologie — roughbook007/Deutsch-Deutsche Übersetzungswerkstatt — roughbook006/Elke Erb/Meins — roughbook005/Christian Filips/Heiße Fusionen — book004/Werner Hamacher/Für Die Philologie —